9 781951 474416

بنیادنانی کڵێسای تەندروست

مزگێنیدان

چۆن تەواوی کڵێسا باسی عیسا دەکەن

جەی. ماک ستایڵز

مزگێنیدان: چۆن تەواوی کڵێسا باسی عیسا دەکات

ناونیشان:

Crescent Street 1300

Wheaton, Illinois 60186

دیزاینی بەرگ: کۆمپانیای دواڵ ئایدێنتیتی
وێنەی بەرگ: وەین برێزینکا، brezinkadesign.com
چاپی یەکەم، ٢٠١٤
لە ویلایەتە یەکگرتووەکانی ئەمریکا چاپ کراوە.
ئایەتەکان لە وەشانی ئی ئێس ڤی (وەشانی ستاندەری ئینگلیزی)یەوە وەرگیراوە.
ژمارەی ستاندەری نێودەوڵەتی پەڕتووکی کاغەزی: ٩٧٨-١-٤٣٣٥-٤٤٦٥-١
ژمارەی ستاندەری نێودەوڵەتی پەڕتووکی بڵوکراوەی ئەلیکترۆنی: ٩٧٨-١-٤٣٣٥-٤٤٦٨-٢
ژمارەی ستاندەری نێودەوڵەتی پەڕتووکی پی دی ئێف: ٩٧٨-١-٤٣٣٥-٤٤٦٦-٨
ژمارەی ستاندەری نێودەوڵەتی پەڕتووکی مۆبیپاکێت: ٩٧٨-١-٤٣٣٥-٤٤٦٧-٥
کتێبخانەی کۆنگرێس، کەتەلۆگی داتا و زانیاری بڵاوکراوە
ناو: ستایڵز، جەی. ماک، ١٩٥٦
ناونیشان: مزگێنیدان: چۆن تەواوی کڵێسا باسی عیسا دەکەن
ژمارەی ستاندەری نێودەوڵەتی پەڕتووکی کاغەزی: ٩٧٨-١-٤٣٣٥-٤٤٦٥-١
١. شایەتیدان (مەسیحییەت). ٢. مزگێنیدان. ٣. ئەرکەکان.

7476S.0254VB

32cd—2.‘962 8528303102

کرۆسوەی خزمەتێکی تایبەت بە چاپ و بڵاوکردنەوەی کۆمپانیای بڵاوکراوەکانی هەواڵی خۆشە

41 51 61 71 81 91 02 12 22 32 BL

51 41 31 11 21 01 9 8 7 6 5 3 4 2 1

9Marks ISBN: 978-1-951474-41-6

• ناوی کتێب: مزگێنیدان

• نووسەر: جەی. ماک ستایڵز

• وەرگێڕانی: ئەندازیار سروش و نەریمان تاهیر

• دیزاین و گرافیک: سەمیرە میرانی

• چاپی یەکەم، ٢٠٢٠

• چاپخانە:

• تیراژ:

• ژمارەی سپاردن:

پێشکەشە بە منداڵەکانم، تریستان، دەیڤد، ئایزک و ستێفانی.

(زەبوورەکان ١٢٧: ٣- ٥)

ناوەڕۆک

پێشەکیی زنجیرە کتێبەکان

ئایا باوەڕت بەوە هەیە کە ئەوە بەرپرسیاریەتی تۆیە یارمەتی بنیادنانی کڵێسایەکی تەندروست بدەیت؟ ئەگەر خۆت بە شوێنکەوتووی مەسیح دەزانیت، ئەوا باوەڕمان وایە کە بەڵێ، ئەوە بەرپرسیاریەتی تۆیە.

عیسا فەرمانت پێدەدات کە قوتابی دروست بکەیت (مەتا ٢٨: ١٨- ٢٠). یەهوزا دەڵێت لە باوەڕدا خۆت بنیاد بنێ (یەهوزا ٢٠- ٢١). پەترۆس بانگهێشتت دەکات کە بەهرەکانت بۆ خزمەتکردن بەکاربهێنیت (یەکەم پەترۆس ٤: ١٠). پۆڵس پێت دەڵێت کە بە خۆشەویستییەوە ڕاستیی ڕابگەیەنە تاکو کڵێساکەت گەشە بکات و پێبگات (ئەفەسۆس ٤: ١٣، ١٥). ئایا دەبینیت کە ئێمە ئەوە لە کوێ دەهێنین؟

ئەگەر تۆ ئەندام یان ڕابەری کڵێسای، زنجیرە کتێبەکانی بنیادنانی کڵێسای تەندروست ئامانجی ئەوەیە کە یارمەتیت بدات تاکو ئەم داواکارییەی کتێبی پیرۆز بەجێبگەیەنیت، وە ڕۆڵی خۆت لە بنیادنانی کڵێسایەکی تەندروست بگێڕیت. بە جۆرێکی دیکە دەتوانین بڵێین کە ئومێدوارین ئەم کتێبانە یارمەتیت بدەن لەوەی کە کڵێساکەت خۆش بوێت بەو جۆرەی کە عیسا کڵێساکەتی خۆشدەوێت.

ڕێکخراوی ٩نیشانەکان پلان و بەرنامەی ئەوەیە کە کتێبی کورت و پووخت لەسەر هەر یەک لەو نیشانانە بنووسێت کە مەرقۆس بە نۆ نیشانەکانی کڵێسایەکی تەندروست ناوزەدی کردووە، لەگەڵ یەک کتێبی دیکە سەبارەت بە فێرکردنی دروست. بەدوای ئەم کتێبانەدا بگەڕێ: وتاردانی ڕوون و ئاشکرا، یەزدانناسی بەپێی کتێبی پیرۆز، ئینجیلی پیرۆز، گۆڕینی باوەڕ، مزگێنیدان، ئەندامێتیی کڵێسا، تەمبێکردنی کڵێسایی، بەقوتابیبوون و گەشەکردن، لەگەڵ ڕابەرایەتی کڵێسا.

کڵێسا خۆجێییەکان ئیشیان ئەوەیە کە شکۆی خودا بۆ گەلان و نەتەوەکان نیشان بدەن. ئێمە ئەم کارە دەکەین لە ڕێگەی چاوخستنە سەر ئینجیلی عیسای مەسیح، وە بە مەبەستیی ڕزگاریی متمانەی پێ دەکەین، ئینجا بە پیرۆزی و یەکبوون و خۆشەویستیی خودایی یەکترمان خۆش دەوێت. نوێژ دەکەین کە ئەم کتێبە هاوکاری و یارمەتیت بدات.

مارک دێڤەر و جۆناتان لیمن

هەڵەچنی زنجیرە کتێبەکان

پێشوتار

لەبیرمە کاتێک بۆ یەکەم جار چاوم بە «ماک ستایلز» کەوت. پێکەوە لە ئەمریکا لە کۆنفرانسێکدا قسەمان دەکرد، لە کاتێکدا من و زۆربەی قسەکەرانی دیکەی کۆنفرانسەکە لە دەوری یەک کۆببووینەوە و قسەمان دەکرد، ماک بە دەگمەن لەگەڵ ئێمە دەردەکەوت. بەلامەوە جێگەی پرسیار بوو کە بۆ چی ماک نایەت بۆ لای ئێمە، بەڵام پاشان بۆم دەرکەوت کە ئەو زۆربەی کاتەکەی بە قسەکردن دەربارەی عیسا بۆ ئەوانە بەسەر دەبرد کە لە پشت کامێرەوە ئیشیان دەکرد. لەو یەکەم بینینەوە بۆم دەرکەوت کە زۆر شت دەتوانم لەم برایەوە فێر ببم.

پاش ماوەیەک شانازی ئەوەم پێدرا کە چاودێری شوێنێک بکەم کە ماک تێیدا خزمەتێکی قوتابییەکانی کۆلێژی بەڕێوە دەبرد و وەکو یەکێک لە پیرانی کڵێسایەک کاری دەکرد. بەیانییەک لە کڵێساکەدا وتارم دەدا، وە دوای تەواوبوونم، ماک منی بە هەموو ئەو کەسانە ناساند کە لەوێدا بوون. بە گشتی گفتوگۆکەمان بەمجۆرە بوو (هەر چەندە من ناوەکانم گۆڕیوە).

کەسێک پێی گوتم: سڵاو، من ناوم عەبدولە. پێشتر موسڵمان بووم، بەڵام دوو ساڵ لەمەوپێش خودا لە ڕێگەی عیسای مەسیحەوە لە گوناهەکانم و لە خۆم ڕزگاری کردم.

منیش گوتم: ئەوە شتێکی زۆر خۆشە! باشە چۆن مزگێنیی مەسیحت بیست؟

گوتی: لە ڕێگەی ماکی هاوڕێمەوە. ڕۆژێکیان داوای لێ کردم ئاخۆ دەمەوێت لەگەڵ ئەو ئینجیلی مەرقۆس بخوێنمەوە. منیش ڕازی بووم و بە چەند مانگێک، ڕۆحی پیرۆز دڵی کردمەوە و باوەڕم هێنا.

ئینجا چووم بۆ لای کەسێکی دیکە و خۆی ناساند. سڵاو، من ناوم ڕاجیشە. من تەواوی تەمەنم هیندۆس بووم هەتا ئەو کاتەی کەسێک بانگهێشتی کردم بۆ ئەم کڵێسایە. پێشتر هیچ شتێکم لەبارەی مەسیحییەتەوە نەدەزانی، بەڵام ماک و کەسانی دیکە لەگەڵ من کۆ دەبوونەوە و نیشانیان دام کە مەسیح کێیە و چی بۆ کردووم. بەڕاستی تووشی سەرسامیی ببووم، وە دوای ئەوەی کە هەموو جۆرە پرسیارێکم لەگەڵ ماک یەکلایی کردەوە، متمانەم بە مەسیح کرد و باوەڕم بە ڕزگارییەکەی هێنا.

لە پشت عەبدول و ڕاجیشەوە، ماتیو هەبوو. پێی گوتم: من وەکو باوەڕدارێکی ئاسایی گەورە بووم بەڵام هیچ جۆرە پەیوەندییەکم لەگەڵ مەسیحدا نەبوو، هەتا

ئـەوەی کـە خـودا پارسـاڵ چـاوی کردمـەوە و نیشـانی دام کـە بـاوەڕی ڕاسـتەقینە بـە مەسـیح چ واتایەکـی هەیـە. لـە گوناهەکانـم تۆبـەم کـرد و بـاوەڕم پێـی هێنـا.

منیش گوتم: پێ دەچێت ماک مەسیحی پێ ناساندبێتیت، ڕاستە؟

ماتیـو گـوت: نەخێـر، عەبـدول و ڕاجیـش مەسـیحیان پـێ ناسـاندم. چەندیـن کاتژمێریـان لەگـەڵ مـن بەسـەربرد و تێیـان گەیانـدم کـە شـوێنکەوتنی مەسـیح چ واتایەکـی هەیـە. ئینجـا ماتیـو لێـی پرسـیم: ئایـا دەتوانـم بـە سـتیڤنت بناسـێنم؟ ئـەو هاوڕێمـە و ئێسـتا لێکۆڵینـەوە لەسـەر مەسـیحییەت دەکات و ئـەم بەیانییـە لەگـەڵ منـدا هاتـووە بـۆ کڵێسـا.

ئـەم گفتوگۆیـە بـەم جـۆرە بـەردەوام بـوو، لەگـەڵ چەندیـن کەسـی دیکـەدا قسـەم کرد. بەڕاسـتی دڵخـۆش و شـاد و سەرسـام بـووم بـە نیعمەتـی خـودا؛ دڵخـۆش بـووم کـە تەنهـا یـەک کـەس گەرموگـوڕ نەبـوو لەسـەر مزگێنیـدان، بەڵکـو تـەواوی کۆمەڵەکـە گەرموگـوڕ و بەتیـن بـوون. کاتێـک کـە تەماشـای دەوروبـەری خۆمـم کـرد، کەلتورێکـی گوێـزەرەوەی مزگێنیدانـم لـە تـەواوی کڵێسـاکەدا بینـی. ئـەوە کەلتـوری مزگێنیدانـە کـە پێویسـتی بـە ڕووداو و پـڕۆژە و بەرنامـە و شـارەزایانی خزمـەت نییـە. بەڵکـو، ئـەوە ئـەم کەلتورەیـە کـە پشـت دەبەسـتێت بـەو کەسـانەی کـە پـڕن لـە هێـزی ڕۆحـی خـودا کـە لـە ژیانـی ڕۆژانـە و پەیوەندییەکانیانـدا مزگێنـی نیعمەتـی خـودا ڕادەگەیەنـن.

لـە ئەنجامـدا، بـە ڕای مـن هیـچ کەسـێک لـە مـاک باشـتر ناتوانێـت کتێبێـک نـە تەنهـا لەسـەر دانانـی دیسـپلینی مزگێنیـدان وەکـو بـاوەڕدار بنوسـێت، بەڵکـو لەسـەر چاندنـی کەلتـوری مزگێنیـدان لـە کڵێسـادا. کاتێـک ئـەم کتێبـە دەخوێنمـەوە، سـەرنجی ئـەوە دەدەم کـە ڕسـتە لـەدوای ڕسـتە، بڕگـە لـەدوای بڕگـە بـە ڕەنگـی جیـاواز دیـاری دەکـەم، وە نوێـژ دەکـەم بـۆ ئـەو ڕێگایـەی کـە پـەروەردگار بەکارمدەهێنێـت بـۆ دروسـتکردنی کەلتورێکـی مزگێنیـدان لـەو کڵێسـایەدا کـە مـن قەشـەیەتی بـۆ دەکـەم.

ئـەم کتێبـە پشـت بـە کتێبـی پیـرۆز دەبەسـتێت و کتێبێکـی زۆر کردەییـە و بـە کەڵکـە. ئەنـدام و ڕابەرانـی کڵێسـا دەتوانـن بەکاریبهێنـن، وە لـە کۆتاییـدا ئامانجـی شـکۆدارکردنی یەزدانـە. نوێـژ دەکـەم کـە پـەروەردگار ژیـان و کڵێسـاکەت بەرەکەتـدار بـکات بـۆ ئـەوەی لـە کۆتاییـدا کڵێسـای مەسـیح لێـرە و لـە سەرتاسـەری جیهانـدا کەسـانی زیاتـری وەکـو عەبـدول و ڕاجیـش و ماتیـو و سـتیڤن لەخـۆ بگرێـت.

دەیڤد پڵات

قەشەی کڵێسای برووک هیڵز لە ویلایەتی ئالاباما

ناساندن

«ئازیزم، ئەم کتێبەی تۆ باسی چی دەکات؟»

بـەم شـێوەیە ژنێکـی بەتەمـەن ئـەم پرسـیارەی لێکـردم، کـە بـە ئۆتۆمبێـل هاتبـوو بـەدوای خەسـوومدا بـۆ ئـەوەی بـڕۆن و پێکـەوە یـاری وەرەقـە (کۆنـکان) بکـەن. کاتێـک دارشـەقەکەی خەسـووم خسـتە پشـت ئۆتۆمبێلەکـەوە، بیـرم لـەوە دەکـردەوە چـۆن وەڵامـی بدەمـەوە. دەمویسـت بڵێـم: «ئـەم کتێبـەی مـن تەنها باسـی مزگێنیـدان نـاکات، بەڵکـو باسـی دروسـتکردنی کەلتـوری مزگێنیـدان دەکات». هەسـتی کـرد کـە دوودڵـم، چاوێکـی لـە خەسـووم کـرد و گوتـی: «باشـە، لانـی کـەم نـاوی کتێبەکـەت چییـە؟»

دیسـان ڕاوەسـتام و تەماشـایەکی ئاسـمانم کـرد، ئینجـا خەسـووم بـە هانامـەوە هـات و بـە دەنگێکـی هەتـا ڕادەیـەک بـەرزەوە گوتـی: «باسـی مزگێنیـدان دەکات».

هاوڕێـی خەسـووم بـە سەرسـوڕماوییەوە گوتـی: «ئەوهـا». دەرگای ئۆتۆمبێلەکـەم داخسـت.

منیـش گوتـم: «لەڕاسـتیدا باسـی ئـەوە دەکات چـۆن وا بکەیـن تـەواوی کڵێسـا مزگێنـی بـدەن».

ئینجـا هاوڕێکـەی خەسـووم زیاتـر سـەری سـوڕمابوو، گوتـی: «ئممـم». ئینجـا ڕووی کـردە خەسـووم و دەسـتی دا لـە شـانم و گوتـی: «ئـان، دەزانـم کـە شـانازی بـە زاواکەتـەوە دەکەیـت». گـوێ مـەدەرێ کـە تەنانـەت خـودی نووسـەرەکەش نازانێـت کتێبەکـەی باسـی چـی دەکات.

بـا لانـی کـەم بـۆ تـۆی خوێنـەری باشـتر ڕوونـی بکەمـەوە. ئـەم کتێبـە باسـی مزگێنیـدان بەپێـی کتێبـی پیـرۆز دەکات. ئەمـە واتـای ئـەوە ناگەیەنێـت کـە مـن پێـم وایـە بـاوەڕداران دەڕۆن و کتێبـی تایبـەت بـە مزگێنیـدان لـە دەرەوەی بنەماکانـی کتێبی پیرۆزەوە دەنووسـن. بـەڵام لەڕاسـتیدا ئـەوە ڕوویـداوە. ئـەوە ڕوویـدا، چونکـە بۆچوونـی هەڵـە لەبـارەی پێکهاتـە گرنگەکانـی مزگێنیدانـەوە هەیـە. زۆربـەی کات بۆچوونـە هەڵـەکان پشـت بـە بنەماکانـی مارکێتینـگ و تێگەیشـتنی مرۆڤـەوە دەبەسـتێت لەبـارەی ئـەوەی کـە چـۆن قەناعـەت بـە کەسـێک بهێنیـن بێتـە نێـو شانشـینی ئاسـمانییەوە. ئەگـەر بـە تـەواوی مزگێنیـدان بەپێـی کتێبـی پیـرۆز ئەنجـام نەدەیـن، ئـەوا لەڕاسـتیدا بـە هیـچ شـێوەیەک مزگێنیـمان نـەداوە.

بـۆ نموونـە، ژنێکـی ماڵـەوە لـە کاتـی خواردنـەوەی قاوەیەکـدا لەگـەڵ هاوڕێکـەی لەوانەیـە مزگێنیـدان بێـت، بـەڵام بەرگریکارێکـی بلیمەتیـی مەسـیح لـە کاتـی قسـەکردن و وتـاردان لەبـەردەم هـەزاران کەسـدا، لەوانەیـە مزگێنیـدان نەبێـت. کەسـانێکی کـەم بابەتەکـە بـەم جـۆرە دەبینـن، ئەمـەش لەبـەر ئەوەیـە کـە تێگەیشـتن و بۆچوونـی هەڵەمـان لەسـەر مزگێنیـدان هەیـە. بەرگریکـردن لـە بـاوەڕ شـتێکی باشـە، بـەڵام ئاسـانە کـە بەرگری لـە مەسـیحییەت بکەیـت بەبـێ ئـەوەی ئینجیـل ڕوون بکەیتـەوە - وە دەبێـت بزانیـن کـە بەبـێ ئینجیـل ناتوانیـن مزگێنـی بدەیـن.

دەبێـت بزانیـن باسـی چـی دەکەیـن کـە دێینە سـەر باسـی «مزگێنیـدان، گۆڕینـی باوەڕ» یـان تەنانـەت «ئینجیـل». ئـەم وشـانە پێناسـەی جیـاواز لـە مێشـکی کەسـانی دیکـەدا دێننـە ئـاراوە و زۆربـەی کات نیشـانەیەکی پرسیاریشـیان لەبەردەمدایـە. ئەگـەر بـاوەڕداران لـەم چەمـک و دەسـتەواژانە تێنەگـەن، ئـەوا بـە خێرایـی لـە بازنـەی کتێبـی پیـرۆز دێینـە دەرەوە. بۆیـە لـە بەشـی یەکەمـدا هەندێـک کات بـۆ پێناسـەکردن دابیـن دەکەیـن.

لەوانەیـە هەندێـک کـەس بیانەوێـت وشـەی «ئەرکـە مەزنەکـە» لـە بەرامبـەر ئـەو شـتەدا بەکاربهێنـن کـە مـن پێـی دەڵێـم «کەلتـوری مزگێنیـدان». مـن لـە مەبەسـتی ئـەوان تێدەگـەم، بـەڵام مـن دەمەوێـت وشـەی مزگێنیـدان بپارێـزم. وشـەیەکی گرنگـی نێـو کتێبـی پیـرۆزە، وە لـە تـەواوی ئـەم بەرهەمـەدا ئـەم وشـەیە بەکاردێنـم.

ئـەم کتێبـە باسـی مزگێنیـدان دەکات، بـەڵام زیاتـر لـەوە، باسـی پـەرەدان بـە کەلتـوری مزگێنیـدان دەکات. لـە بەشـی دووەدا تیشـک دەخەینـە سـەر ئـەوە. کاتێـک دەڵێـم «کەلتـوری مزگێنیـدان» مەبەسـتم ئـەوە نییـە کـە دەبێـت بەرنامـە و پرۆگرامێکـی زۆری تایبـەت بـە مزگێنیدانمـان هەبێـت. لەڕاسـتیدا لەوانەیە بەلاتانـەوە سـەیر بێـت ئەگـەر بڵێـم داوا لـە زۆرێـک لـە کڵێسـاکان دەکـەم کـە بەرنامەکانـی تایبـەت بـە مزگێنیـدان ڕابگـرن. دواتـر هـۆکاری ئەوەتـان پـێ دەڵێـم، بـەڵام لێـرەدا ئەوەنـدە بەسـە کـە بڵێـم دەمەوێـت بگەڕێـم و بزانـم چـۆن دەتوانیـن بەرپرسـیاریەتی مزگێنیـدان، کـە ئەرکـی سەرشـانی هەمـوو باوەڕدارێکـە، لەنێـو ژیانـی کۆمەڵانـی بـاوەڕداردا تێکـەڵ بکەیـن بـۆ ئـەوەی هـەوڵ و ماندووبوونـی تاکەکەسـی زیـاد بکەیـن.

زۆربـەی ئـەو کێشـەیەی کـە لەگـەڵ مزگێنیدانـدا هەمانـە، ئەوەیـە کـە بۆچوونێکـی گـەورەی پێویسـتمان دەربـارەی کڵێسـا نییـە. مـن بـاوەڕم وایـە کـە یـەزدان جیهانـی

خۆشدەوێت و پلانێکی گەورەی بۆ مزگێنیدان هەیە، کە ئەویش بریتییە لە کڵێسا. لە بەشی سێدا بەدرێژی دێینە سەر ئەم باسە.

لەبەر ئەوەی ئەم بەرهەمە باسی مزگێنیدان و کەلتوری مزگێنیدان لە کڵێسادا دەکات، هەروەها باسی ئەو سەکۆیانەش دەکات - ئەوانەی کە بە گشتی پشتگوێ خراون - کە باوەڕداران دەبێت بینادی بنێن لەپێناو هەوڵ و تەقەلای مزگێنیدانی دروست. ئەمە بابەتی سەرەکی بەشی چوارەمە. بۆ نموونە:

- ئامادەکاری تایبەت بە مزگێنیدان
- ژیانێک کە بە دەور مزگێنیداندا دەخولێتەوە
- نەخەملاندنی ئینجیل
- مزگێنیدان وەکو تەمبێکردنی ڕۆحی
- نوێژ و نزا
- ڕابەرایەتیی ئینجیلی

ئینجا بەدڵنیاییەوە دەبێت تەماشای ئەو بنەما سەرەکییانە بکەین کە بەڕاستی بڵاوکردنەوە باوەڕەکەمان پێکدێنێت، ئەو شتانەی کە دەبێت وەکو باڵوێزی مەسیح بۆ جیهانێکی بەهۆی گوناهەوە نەخۆش، ئەنجامی بدەین. لە بەشی پێنجدا بە وردی دێینە سەر ئەم بابەتە.

کۆمەڵێک هاوڕێی باشم هەن کە من بە مزگێنیدەر دەزانن؛ بەڵام من خۆم لەوە دڵنیا نیم. من تامەزرۆ و پەرۆشی ئەوەم کە کەسانی دیکە مەسیح بناسن. وە هەست دەکەم لە هەوڵی ئەوەدام لە مزگێنیداندا دڵسۆز بم. بەڵام دەمەوێت خەڵکی بزانن بەڕاستی دەترسم لەوەی کە کەسانی دیکە چۆن لە من دەڕوانن کاتێک باسی کێشە ڕۆحییەکانیان بۆ دەکەم. زۆر بە جوانی ئاگام لە شکست و سنوور و لەمپەرەکانی بەردەم مزگێنیدان هەیە. وە کاتێک تەماشای چوار دەورم دەکەم، دەبینم زۆر کەس لە من باشترن. وە ئەگەر مزگێنیدەریش بم، ئەوا ئاستی ناوەڕاستم گرتووە.

بەڵام شتێک هەیە کە بە نیعمەتی خودا دەزانم تێیدا باشم: باوەڕم وایە کە یەزدان بەکاریهێناوم بۆ ئەوەی کەلتوری مزگێنیدان پەرە پێ بدەم. بە درێژایی ئەم چەند ساڵەی ژیانم کە یارمەتی دروستکردنی خزمەتەکانی قوتابی یان بنیادنانی

کلێسام داوە، هەمیشە ویستوومە لەوە دڵنیا بم کە ئەو کۆمەڵانە مزگێنیدانیان لە دی ئێن ئەیاندا هەیە، وە بەشێکە لە خەسڵەت و کەلتوریان.

ئەمە هۆکاری هاندانی منە، وە لەبەر ئەوە زۆر دڵم بەم کتێبە خۆشە. ڕێگایەکە بۆ کۆکردنەوەی ئەو شتانەی کە خۆشم ویستووە و باسکردنییەتی لەگەڵ ئێوەدا.

بەشی یەکەم

بانگهێشتی کڵێسا و ڕووناکییە لەیزەرییەکان

لـە سـاڵانی ١٩٧٠، مـن باوەڕدارێکـی نـوێ بـووم کـە بـێ ئەنـدازە عیسـای مەسـیحم خۆشدەویسـت. لـە یەکـەم سـاڵی کۆلێـژدا، هاوژوورییەکـەم کـە نـاوی جـۆن بـوو، لـە ڕێگـەی منـەوە بـاوەڕی بـە مەسـیح هێنـا و بـوو بـە بـاوەڕدار. دوای ماوەیەکـی کـەم، ڕۆژێکـی یەکشـەمە بڕیارمـان دا کـە بچیـن بـۆ کڵێسـایەکی گـەورەی باپسـتیسـت لـە نێـو شـاری مێمفیسـی ویلایەتـی تێنیسـی.

خـۆم وەکـو کەسـایەتییەکی نـاودار دەهاتـە پێـش چـاو، چونکـە کابۆیەکـی سـوور و چاکەتێکـی درێـژی مـۆرم لەبـەر کردبـوو. هەسـتت دەکـرد گۆرانیبێـژی بەناوبانگیـن.

قەشـەکە وتارەکـەی پێشـکەش کـرد، گۆرانـی ڕۆحییـان گـوت و کاتـی بانگهێشـتکردنی هـات. قەشـەکە بـە ڕژدی ڕایگەیانـد کە حـەز دەکات و ئامادەیە خەڵکی لە کاتـی وتارەکەیدا کڵێسـا بەجێبهێڵـن نـەک کاتـی بانگهێشـتکردن کـە «گرنگتریـن بەشـی خزمەتەکەیـە».

خەڵکـی هـان دەدران کـە ژیانـی خۆیـان بـە مەسـیح بسـپێرن و بـاوەڕی پـێ بهێنـن. خەڵکـی دەسـتیان بـەرز کـردەوە، ئینجـا سوپاسـمان کـرا و پێمان گوتـرا کـە لـە جێگەکەمـان هەسـتین و بچینـە پێشـەوە. قەشـەکە گوتـی: «ئەگـەر بـە ئاشـکرا نەتوانیـت لـە کڵێسـا بـۆ مەسیح هەسـتیتەوە، ئـەوا لـە دەرەوە هەرگیـز ناتوانیـت هەسـتیتەوە». بـۆ مـن ئـەو قسـەیە لۆژیکێکـی پۆڵاییـن بـوو.

جـۆن کـە سـەری دانەواندبـوو بـەڵام بـە پێچەوانـەی ڕێنماییەکانـەوە چاوەکانـی کـراوە بـوو، بـە چپـە پێـی گوتـم: «بـەڕای تـۆ دەبێـت بچمـە پێشـەوە بـۆ بـەردەم قەشـەکە؟»

منیـش بـە چپـە پێـم گـوت: «بێگومـان کارێکـی خـراپ ناکەیـت، منیـش لەگەڵـت دێـم». جـۆن لەسـەر کورسـییەکەی هەسـتا و منیـش بەدوایـدا.

دەیـان کەسـی دیکـە هەسـتان و چوونـە بـەردەم قەشـەکە. بەبـێ ئـەوەی ئێمـە بزانیـن، ئـەوان زۆربەیـان ڕابـەر بـوون. لـە پێشـەوە بـە شـێوەیەکی بازنەیـی خەڵکـی دەوریـان دایـن. زۆرێـک لـە باوەڕدارانـی کڵێسـا، کـە دەوری ئێمەیـان گرتبـوو و لـە کاتـی دانیشـتندا ئەوەنـدە زۆر دەرنەدەکەوتـن، چاویـان لەسـەر ئێمـە بـوو و زەردەخەنەیـان لەسـەر لێـو بـوو.

لـە چاوتروکانێکـدا قەشـەکە خـۆی گەیانـدە لای مـن. بـە دەنگێکـی نەرمونیانـەوە پێـی گوتـم: «کـوڕم، بـۆ چـی ئەمـڕۆ هاتـووی بۆ ئێـرە؟» بـە شـێوازێکی زۆر جـوان میکرۆفۆنەکەی هێنایـە خـوارەوە و وایەرەکـەی خسـتە پشـت پێیـەوە.

منیـش گوتـم: «لەڕاسـتیدا جۆنـی هاوڕێـم کـە لێرەیـە دوو هەفتـە لەمەوپێـش بـاوەڕی بـە مەسـیح هێنـاوە و ویسـتی کـە بـۆ مەسـیح هەسـتێتەوە». قەشـەکە تەماشـای جۆنـی کـرد کـە ژیانێکـی زۆر ناڕێـک و وێرانـی هەبـوو، بـەڵام جلوبەرگێکـی ڕێکوپێکـی لەبـەر بـوو، بـە سـەر تەکاندنێکـەوە پێـی گـوت: «کارێکـی زۆر باشـت کـردووە، کـوڕم». ئینجـا گەڕایـەوە سـەر مـن و گوتـی: «ئـەی باشـە، تـۆ بـۆ هاتیتـە پێشـەوە؟»

منیـش تەماشـایەکی باڵکۆنەکـەم کـرد و چاوێکـم گێـڕا و ئینجـا بـە پەشـۆکاوییەوە گوتـم: «مـن ... تەنهـا ویسـتم پشـتی جـۆن بگـرم».

ئەویـش گوتـی: «تێدەگـەم، کـوڕم». ئینجـا دەسـتی خسـتە سـەر شـانم و گوتـی: «ئایـا تـۆ باوەڕداریـت؟»

گوتم: «بێگومان».

ئینجا ئەویش لێی پرسیم: «دەتەوێت دووبارە ژیانت بۆ مەسیح تەرخان بکەیت؟».

منیـش کـە لـە ئاڵۆزیـی لایەنـی یەزدانناسـی ئـەم پرسـیارە تێنەگەیشـتم، گوتـم: «بـۆ نـا، بەڵـێ دەمەوێـت».

ئینجـا قەشـەکە میکرۆفەنەکـەی لـە دەمـی نزیـک کـردەوە و تەماشـایەک باڵکۆنەکـەی کـرد. پاشـان ئاماژەی بـە کامێرەکـە کـرد کـە زۆر نەبـوو دایاننابـوو، بـە پەنجـەی کـراوەوە، گوتـی: «دەمەوێـت بـە بینەرانـی بەڕێـز بڵێـم کـە ئەمـڕۆ ئـەم دوو کـوڕە گەنجـە هاتـوون بـۆ ئـەوەی ژیانیـان بـە عیسـای مەسـیح بسـپێرن. تـۆش لـە ماڵـی خۆتـەوە، هـەر ئێسـتا دەتوانیـت هەمـان کار بکەیـت ...».

چەندین ساڵی خایاند کە لەوە تێبگەم لەو کاتەدا چی ڕوویدا.

مزگێنیدان چییە؟

کاتێـک بیـر لـەو خزمەتـە دەکەمـەوە، دەمەوێـت بپرسـم: «ئایـا قەشـەکە ئـەو بەیانییـە لـە کڵێسـادا مزگێنـی دا؟»

دەبێت لە وەڵامدانەوەی ئەم پرسیارەدا هەندێک وریا بین. زۆر کەس باوەڕیان بە مەسیح هێناوە کاتێک لە کڵێسادا بانگهێشت کراون بۆ ئەوەی بێنە پێشەوە بۆ بەردەم قەشەکە. لەم دواییانەدا، کاتێک لە قوتابخانەی یەزدانناسی باشووری ڕۆژهەڵات لە کۆبوونەوەی قەشەکان بووم، سەرۆکی قوتابخانەکە، «دانی ئاکین» گوتی کە قەشەکان لە ڕووی کەلتورییەوە لە ئاستێکی بەرزدان، لە ڕووی پەروەردەوە زۆر لەپێشن، وە لە ڕووی یەزدانناسییەوە بەهێزن. هیچ کامیان ئەزموونێکی وەکو ئەوەی منیان نەبوو کە لە مێمفیس بەسەرم هاتبوو. ئینجا ئاکین پرسی: «چەند لە ئێوە لە کڵێسایەکەوە هاتوون کە بە جۆرێک مزگێنییان داوە کە ئێستا بەلاتانەوە پەسەند نییە؟ دەتوانم بڵێم زۆربەی قەشەکان دەستیان بەرز کردەوە.

ئەم وەڵامە دەبێت بۆ ساتێک ڕامانبگرێت. کاتێک باسی مزگێنیدان دەکەین، دەبێت بزانین کە پێویستی بە بێفیزی و خۆنزمکردنەوەیەکی زۆر هەیە. دەبێت ڕایبگەیەنین کە خودا دەسەڵاتدارە و بەپێی ویست و خواستی خۆی خەڵکی بەرەو خۆی دەهێنێت. هیچ فۆرمولە و هاوکێشەیەک لە ئارادا نییە سەبارەت بەوەی کە چۆن خودا لە ڕێگەی مزگێنیدانەوە کار دەکات. لەگەڵ ئەوەی کە دەتوانین ناڕازی بین سەبارەت بە شێوازی مزگێنیدانی تاکەکان، خزمەتەکان یان کڵێساکان، بەڵام دەبێت درک بەوەش بکەین کە کاتێک خەڵکی بە دڵێکی باشەوە خۆیان بۆ مزگێنیدان تەرخان دەکەن، خودا دەتوانێت بەرهەمی ڕاستەقینە بداتە دەست.

من خۆم ئەو کەسانەم بەلاوە باشترە کە بە پێی توانای خۆیان و ئەوەندەی کە دەیزانن مزگێنی دەدەن، نەک ئەوانەی کە خۆیان لە مزگێنیدان دەبوێرن هەتا ئەو کاتەی کە ڕاهێنانێکی تەواو دەکەن. لەبیرتە کە چۆن پرسکیلا و ئەکیلا بە نەرمی مزگێنییان بە ئەپۆلۆس دا (کرداری نێردراوان ١٨: ٢٦)؟ تەنانەت پۆڵس دڵخۆش و شاد بوو بەهۆی ئەو مزگێنیدانە لەخۆبوردەییە و بێفیزییەی کە تووشی کێشە و گرفتی کرد (فیلیپی ١: ١٧- ١٨). کەواتە کاتێک خەڵکی بە ڕێگە و شێوازی سەیر و سەمەرەوە باوەڕ بە مەسیح دەهێنن، دەبێت یەکەم جار دڵخۆش بین کە خودا دەتوانێت بچووکترین تۆوی ڕاستیی ئینجیل لەنێو دڵی خەڵکدا بکات بە بەرهەمێکی گەورەی ئاشتبوونەوە لەگەڵ ئینجیلدا.

با ڕوون و ئاشکرا پێتان بڵێم کە پێم وا نییە بانگهێشتکردن بۆ بەردەم قەشە

شتێکی هەڵە و نەگونجاو بێت، بەڵام کاتێک بیر لە ئەزموونەکەی کڵێسای مێمفیس دەکەمەوە، بە ئاسانی دەتوانم ئەوە ببینم کە چۆن هۆکارەکانی پشت شێوازەکانی ئەو سەردەمە بریتی بووە لە دەرەنجامی دەستبەجێ و خێرا: سەرنجێکی زۆر خرابووە سەر بڕیاردان یان چوونە بەردەم قەشە، سەرنجێکی زۆر خرابووە سەر ئەوانەی کە لە تەلەفزیۆنەوە تەماشا دەکەن، بەڵام سەرنجێکی زۆر کەم خرابووە سەر بارودۆخی ڕۆح و گوناهەکانم.

زۆر کەس لە دەیان ساڵی ڕابردوودا وەڵامێکی ئەرێنییان سەبارەت بە بانگهێشتکردنی کڵێساکان داوەتەوە. بەڵام سەرەڕای ئەوەی کە خەڵکێکی زۆر هاتوونەتە پێشەوە و بەڕاستی باوەڕیان هێناوە، بەڵام زۆری دیکەش وەکو من و جۆن تەنها هاتوونەتە پێش چونکە هەستیان بە فشار کردووە. لە هەمووی گرنگتر، هەر چەندە خەڵکی لە ڕێگەی جیاوازەوە باوەڕ بە مەسیح دەهێنن، کتێبی پیرۆز هەرگیز دەرەنجام بەکارناهێنێت بۆ ئەوەی بیانوو بۆ کاری مزگێنیدان بهێنێتەوە.

بۆیە کاتێک دەمانەوێت مزگێنی بدەین، دەبێت پشت بە بنەماکانی کتێبی پیرۆز ببەستین. دەبێت پشت بەم بنەمایانە ببەستین بۆ ئەوەی فێری ئەوە بین کە چۆن باوەڕەکەمان بڵاو بکەینەوە، نەک ئەوەی کە بەدوای ڕێگایەکدا بگەڕێین کە زۆرترین کاریگەری هەبێت. دەبێت بە وریاییەوە لەوە دڵنیا بین کە کاری مزگێنیدانەکەمان لەگەڵ کتێبی پیرۆزدا دەگونجێت، چونکە ئەوە دەبێتە هۆی شکۆدارکردنی یەزدان.

بەداخەوە زۆر جار لە جێگەی کتێبی پیرۆز جیهان کاریگەری دەخاتە سەر کاری مزگێنیدان - لەوانەیە جیهانی بزنس یان ڕەفەی بەشی «خۆبەرەوپێشبردن»ی کتێبخانەکان. شەیتان وا لە ئارەزووەکانمان دەکات کە بەدوای دەرەنجامی خێرادا بگەڕێین لە ڕێگەی پێشنیارکردنی خزمەتێکی گەورەی تەلەفزیۆنی یان قازانجێکی زۆر مادی. تەنانەت تووشی وەسوەسەی ئارەزووی بە ڕووکەش باشمان دەکات کە پێمان وا بێت ئەگەر منداڵێک نوێژی گوناهبار بکات، ئەوا دەبێتە باوەڕدارێکی چەسپاو بەبێ ئەوەی کە گرنگی بە شێوازی ژیانی بدەین. لە هەموو ئەم شتانەدا، خەڵکی بنەماکانی کتێبی پیرۆز بە قازانج و ئارەزووی دنیایی دەگۆڕنەوە، وە بەو هۆیەوە کاری مزگێنیدانی ئێمەش دەشێوێت و قاڵبێکی دیکە وەردەگرێت.

پۆڵس دەیتوانی بەهۆی مزگێنیدانەوە دڵخۆش بێت، بەبێ لەبەرچاوگرتنی هۆکاری

هاندانت، چونکە دەیزانی کە خودا لە ڕێگەی وشە پیرۆزەکانیانەوە ویست و خواستی خۆی بەدیدێنێت. بەڵام هاوکات مزگێنیدانی هەڵەشی ڕاست کردەوە: پێداگری لەسەر ئەوە کردەوە کە نابێت قۆرخکاری بکەین، پەیامەکە بگۆڕین، یان فێڵ بکەین (دووەم کۆرنسۆس ٤: ١- ٢). لە جێگەی ئەوانە، دەبێت نیازێکی پاکمان هەبێت و خەڵک و مەسیحمان خۆش بوێت، وە دەبێت باوەڕێکی تەواومان بە ڕاستی هەبێت (دووەم کۆرنسۆس ٥: ١١- ١٥). وە دەبێت متمانەمان بەوە هەبێت کە پەروەردگار ژمارەی باوەڕداران زیاد دەکات (کرداری نێردراوان ٢: ٤٧).

بیر لەوە بکەوە کە چەند خزمەتی هاوشێوەی ئەوەی شاری مێمفیس کارێکی هەڵە و نادروست دەکەن:

- ئایا قەشەکە بەڕاستی پێی وابوو کە گرنگترین بەشی خزمەتەکە بانگهێشتکردنەکە بوو یان ڕاگەیاندنێکی دروستی وشەی خودا؟
- لە چ شوێنێکی کتێبی پیرۆزدا هاتووە کە خەڵکی دەستی بەرز بکاتەوە بۆ ئەوەی داوا لە عیسا بکەن کە بێتە نێو دڵیانەوە؟ وە کەی چوونە بەردەم قەشە و گریان و هاوارکردن بە مەبەستی ڕاگەیاندنی باوەڕەکەمان، جێگەی لەئاوهەڵکێشانی گرتووەتەوە؟
- ئایا قۆرخکاری نییە کە کۆمەڵێک ڕابەر هانت بدەن بۆ ئەوەی لەسەر جێگەکەت هەستیت و بچیتە بەردەم قەشەکە و وای دەربخەیت کە وەکو کاردانەوەی بانگهێشتی قەشەکە ئەو کارەت کردووە؟ ئایا بەکارهێنانی دەستەواژەگەلی وەکو «دووبارە تەخانکردنی ژیانت بۆ عیسا» کە لەگەڵ کتێبی پیرۆزدا ناگونجێت، پێچەوانەی ئاشکراکردنێکی ڕوونی ڕاستیی نییە (دووەم کۆرنسۆس ٤: ٢)؟
- ئایا قەشەکە دەیویست بە ئاشکرا و لەبەرچاو ئەو هەمووە کەسەدا درۆ بکات کاتێک کە گوتی من و جۆن ژیانمان بە مەسیح بەخشیوە لە کاتێکدا لەڕاستیدا نەمانبەخشیبوو؟ یان ئەو بە ڕادەیەک بەهۆی سەرنجی کۆمەڵگەوە کوێر ببوو کە ئەو دوو برایەی لەبیر چووەوە کە لەبەردەمیدا وەستابوو؟ ئایا ئێمە تەنها نمایشێک بووین کە کاریگەریی مزگێنیدانەکەی نیشان جیهانی بدەین؟

لەڕاستیدا، ئەو دوو کەسەی کە لەبەردەمیدا ڕاوەستابوون، گەورەترین شت بوون کە ئەو لەدەستی دا، وە ئەو نەبینینە وام لێ دەکات کە لە جێگەی خۆمەوە هەڵبەز و دابەز و هاوار بکەم. ئەو باشترین نموونەی زیندووی مزگێنیدانی لەدەست دا: گەنجێکی ١٨ساڵان کە بەبێ پێرست ناتوانێت سیپارەی مەرقۆس لە پەیمانی نوێدا بدۆزێتەوە، کارێکی کردووە هاوڕێکەی باوەڕ بە مەسیح بهێنێت، چونکە هاوڕێکەی خۆش ویستووە و ئەوەندەی کە لە بارەی پەیامی ئینجیلەوە زانیویەتی بە هاوڕێکەی گوتووە. وە پێم وایە کە باوەڕدارانی دیکەی کڵێساکەش ئەوەندە کەوتبوونە ژێر کاریگەری بەرنامە و تەلەفزیۆنەوە کە نەیانتوانی بیر لەم بابەتە بکەنەوە.

پێناسەی مزگێنیدان

چۆن دەزانین کە کەسێک مزگێنی داوە یان نە؟ وەڵامی ئەم پرسیارە کەوتووەتە سەر شێوازی پێناسەکردنی مزگێنیدان. پێناسەکردنی مزگێنیدان بەپێی کتێبی پیرۆز هاوکاریمان دەکات کە کاری مزگێنیدان لەگەڵ کتێبی پیرۆزدا هاوتەریب بکەین. ئەم پێناسەیە چەندین ساڵە سوودی بە من گەیاندووە:

مزگێنیدان ڕاگەیاندنی پەیامی مەسیحە بە مەبەستی قایلکردنی بەرامبەرەکەت.

لە پێناسەیەکی بچووک و سادە دەچێت، مەگەر نە؟ گرەو دەکەم کە زۆربەی خەڵکی چاوەڕێی پێناسەیەکی زۆر لەوە گەورتر دەکەن بۆ وشەیەکی یەزدانناسی گرنگی لەو شێوەیە. بەڵام ئەم پێناسەیە، هەرچەندە بچووک و سادەس بێت، دەتوانین کاری مزگێنیدانەکانمانی پێ هەڵبسەنگێنین و باشترە لەوەی کە ڕاست و چەوتی مزگێنیدان بەپێی ژمارەی ئەو کەسانە هەڵبسەنگێنین کە توانیمانە قایلیان بکەین.

پاش ماوەیەک لە بەسەرهاتەکەی کڵێسای مێمفیس، کتێبێکی پیرۆزم بۆ جۆنی هاوڕێم کڕی. چاپی ڕاڤەیی و شیکاری کتێبی پیرۆز بوو، کە دەستەواژە و کلیلەوشەی زۆر و ڕوونکردنەوەیەکی بەرچاوی تێدا بەدی دەکرا. بەپێی ئەو چاپە، دەتوانین بەم جۆرە پێناسەی مزگێنیدان بکەین:

مزگێنیدان فێرکردن (بڵاوکردنەوە، جاڕدان)ی پەیامی مەسیحە (پەیامی خودا بۆ ڕزگارکردنمان) بە مەبەست (ئامانج، ئومێد)ی قایلکردن (گۆڕینی باوەڕ، قەناعەت پێ هێنان)ی بەرامبەرەکەت.

سەرنجی ئەوە بدە کە ئەم پێناسەیە داوای کاردانەوەیەکی دەستبەجێی دەرەکی ناکات. چوونە بەردەم قەشە لە کڵێسا و بەرزکردنەوەی دەست، یان تەنانەت نوێژکردن لەوانەیە پێمان بڵێت کە مزگێنی ڕوویداوە، بەڵام لەڕاستیدا ئەو جۆرە کارانە مزگێنیدان نین. سەرنجی ئەوەش بدە کە ئەگەر یەکێک لە پێکهاتەکانی مزگێنیدان بەدی نەکرێت، ئەوا بە شیمانەیەکی زۆر شتێک دەکەین کە مزگێنیدان نییە.

ئەگەر بمتوانیبا، ئەوا حەزم دەکرد بگەڕێمەوە بۆ کڵێساکەی مێمفیس و پێیان بڵێم کە مزگێنیدان چییە. دەتوانم بڵێم کە نەخۆشییەکی زۆر هەیە لە زۆربەی کڵێساکانی جیهاندا بەهۆی ئەو کڵێسایانەی کە بە شتێک دەڵێن مزگێندان لە کاتێکدا مزگێنیدان نییە. لێیان دەپاڕێمەوە: «لێتان دەپاڕێمەوە، کاتێک وتار دەدەن، بە خەڵکی مەڵێن لە کاتی بانگهێشتکردندا چۆن هەڵسوکەوت بکەن. بە ڕوونی باسی ئەوە بکە کە ئینجیل چییە و دەبێت خەڵکی چۆن ڕوو لە مەسیح بکەن».

داوا لە کڵێسا دەکەم کە هەوڵ بدەن خەڵکی قایل بکەن؛ بەڵام بەبێ قۆرخکردن ئەو کارە بکەن. هانیان دەدەم کە شتە سەختەکانی ژیانی باوەڕداران لەبیر نەکەن، جا ئیدی ئەوە چەندە سەخت بێت؛ وە کاردانەوەی مرۆڤ تێکەڵ بە جوڵەی ڕۆحی پیرۆز نەکەن؛ وە سەبارەت بە دەرەنجامەکان درۆ نەکەن؛ وە پێیان دەڵێم: «هەروەها تکایە ئاگادار بن لە خۆڕا بە کەس مەڵێن باوەڕدار مەگەر ئەوەی بەڕاستی بەڵگەی ئەوەتان هەبێت کە ئەو کەسە باوەڕی هێناوە».

بێگومان بەپێی پێوەرەکانی ئەم سەردەمە، ڕەخنەگرتن لە کڵێسا کۆنەکان کارێکی ئاسانە. بەڵام ئەگەر ڕاستگۆ بین، دەبێت بڵێین کە ئێمەش تووشی هەمان وەسوەسەی قوربانیکردنی بنەماکانی کتێبی پیرۆز دەبین بۆ دەرەنجام و «سەرکەوتن». کاتێک تەماشای دەوروبەرم دەکەم، گۆڕانکارییەکی ئەوتۆ نابینم جگە لەو شێوەیەی کە بەهۆیەوە مزگێنییەکی نائینجیلی دەبینین. زۆربەی کات قەشەکان باسی ئینجیل ناکەن، وە وشەی نائینجیلی واتای ڕاستەقینەی گوناە، مردن و دۆزەخ کەم دەکەنەوە، وە سەر لەو کەسانە دەشێوێنن کە بەڕاستی شوێن ڕاستی دەکەون.

بەڵێنی سەلامەتی و ماڵ و سامان ئەوانە دەخڵەتێنێت کە لە هەموو کەسێک زیاتر پێویستیان پێیەتی، وەکو هەژاران، بێبەشبووەکان و نەخۆشەکان. وە زۆرێک لە کڵێساکان ئینجیلێکی خۆڕایی و ئاسوودە و قازانبەخش دەدەن بە خەڵکی کە لە هیچ

شوێنێکی کتێبی پیرۆزدا ئاماژەی پێ نەکراوە. وە لەڕاستیدا پەیامی ئینجیلیان گەندەڵ کردووە بەو شتەی کە پۆڵس پێی دەڵێت «مزگێنییەکی دیکە»، کە هەموو شتێکە جگە لە پەیامی مزگێنیی مەسیح (گەلاتیا ١: ٦- ٧). لە ڕێگەی دابینکردنی ئارەزووەکانی خەڵکی، کڵێساکان نیشانی دەدەن کە سەرنجیان لەسەر بێباوەڕانە، نەک لەسەر شکۆی خودا کە گەلەکەی لە ڕێگەی پەرستنی ئەوەوە دەریدەخەن.

کۆڕی سرودبێژانی کڵێسا بە نواندنی پڕ لە ڕووناکی لێزەریی هەمەچەشن جێگەی گیراوەتەوە، بۆ ئەوەی خزمەتی کڵێسا ببێتە مەڵبەندی ڕابواردن و سەرگەرمی لەجێگەی پەرستن و ستایش. عیسا بەشداری لە زۆر شتدا دەکرد و کەسێکی چالاک بوو، بەڵام هەرگیز خۆی سەرقاڵی ڕابواردن و خۆشگوزەرانی نەدەکرد؛ جیاوازییەکی زۆر گەورە هەیە لەنێوان ئەو دوو شتەدا؛ ئەمە ئەو شتەیە کە لەنێو کڵێساکانی ئەم سەردەمەدا ونە. بە هەمان شێوە، قایلکردنی هاوڕێ و شوێنکەوتوو و باوەڕدارانی نوێ لە ڕێگەی تۆڕە کۆمەڵایەتییەکانەوە جیاوازییەکی ئەوتۆی نییە لەگەڵ کامێراکەی سەر باڵکۆنەکە: هەردووکیان دەتوانن ڕابەرانی کڵێسا تووشی وەسوەسەی ئەوە بکەن ئەو کەسانە لەبیر بکەن کە لەبەردەمیانن.

ئەم جۆرە شتانە دەرەنجامی هەمان وەسوەسەی جیهانین کە مزگێنیدانی ئینجیلی دەخەنە ژێر پرسیارەوە، بە ڕادەیەک کە ئەوانەی ڕەخنە لە کڵێسا کۆنەکان دەگرن پێویست بکات داوای لێبوردن لەو کڵێسایەی مێمفیس بکات.

بەڵام دەتوانین وەڵامی وەسوەسەیەکی لەم چەشنە بدەینەوە. هیچ جیاوازییەک نییە لەنێوان ئەمڕۆ وساڵی یەکەمی کۆلێژی من، یاخود کڵێسا یەکەمینەکانی سەردەمی پۆڵسی نێردراو. چارەسەرەکە ئەوەیە کە مزگێنیدانێک لە دڵ و مێشکماندا دابنێین کە بنەماکانی بەپێی کتێبی پیرۆز بێت و بەدەوری ئینجیلدا بخولێتەوە. واتە دەبێت فێری ئەوە بین کە چۆن دڵسۆزانە مزگێنی بدەین و ئامانجە گەورەکەی گۆڕینی ڕاستەقینە لەبەرچاو بگرین.

کەواتە با بە وریاییەوە پەرە بە چوار بەشەکەی پێناسەکەی من بدەین: «فێرکردن، ئینجیل، ئامانج، قایلکردن».

فێرکردن

سەرەتا، بەبێ وشە هیچ مزگێنیدانێک لەئارادا نییە. دەزانین کە عیسای مەسیح وشەکەیە، وە وشەکە لەگەڵ خودا بوو (یۆحەنا ١: ١).

گرنگترین بەکارهێنانی وشە لە مزگێنیداندا بریتییە لە فێرکردن. ئەگەر بە جوانی بیر لەمە بکەیتەوە، دەبینیت شتێکی تەواو لۆژیکییە. ئێمەی مرۆڤ ناتوانین خۆمان ڕێگای ڕزگاریی بدۆزینەوە. بۆیە، دەبێت خودا لە ڕێگەی وشەکانییەوە ڕزگاریمان بۆ ئاشکرا بکات.

فێرکردن شێوازی کتێبی پیرۆزیشە. کتێبی پیرۆز پەڕتووکێکی فێرکارییە. کتێبی پیرۆز لە پەیدابوونەوە هەتا ئاشکراکردن، فێرمان دەکات. وە کتێبی پیرۆز داوامان لێدەکات کەسانی دیکە فێر بکەین، بۆ نموونە، منداڵەکانمان، دراوسێکانمان، وە ئەو کەسانەش کە بێگانەن و لەنێوامانادا دەژین. ژنانی بەتەمەن دەبێت ژنە گەنجەکان فێر بکەن. تاکە تایبەتمەندیی پیرانی کڵێسا، لەپاڵ بوون بە باوەڕدارێکی دڵسۆز، ئەوەیە کە دەبێت توانای فێرکردنیان هەبێت.

لەبەر ئەوەی فێرکردن لەنێو هەموو بەشەکانی کتێبی پیرۆزدایە، پێدەچێت ئەوە ببێتە هۆی ئەوەی کە درک بە بایەخ و گرنگییەکەی نەکەین و نەیبینین. عیسا ئەوەی بینی کە کۆمەڵانی خەڵک وەکو مەڕی بێ شوان بوون، بۆیە چەندین هەزار کەسی بە چەند نان و ماسییەک تێر کرد (مەرقۆس ٦: ٣٤- ٤٤؛ لۆقا ٩: ١٠- ١٧). ئەم پەرجووانە سەرسامان دەکەن، وە بێگومان دەبێت سەرسامان بکەن. بەڵام مایەی سەرنجە کە لە هەموو ڕووداوەکاندا، یەکەم کاری پڕ لە بەزەیی عیسا بریتییە لە فێرکردنی خەڵکەکە.

زۆرێک لە ئێمە بیر لە وتاردان دەکاتەوە کاتێک کە باسی مزگێنیدان دەکەین، وە بێگومان دەبێت بەو جۆرەش بیر بکەینەوە. من لە ئاستی خۆمەوە دەمەوێت هەموو وتارەکانم مزگێنیی مەسیح لەخۆ بگرێت. بێگومان پۆڵسی نێردراو لەم لایەنەوە بە ئەرکی سەرشانی خۆی هەستاوە. بەڵام زۆربەی کات کە باسی خزمەتەکەی دەکات، بە خزمەتی فێرکردن ناوی دەهێنێت (یەکەم تیمۆساوس ٢: ٧؛ دووەم تیمۆساوس ١: ١١). «جەی ئای پاکەر» دەڵێت کە شێوازی مزگێنیدانی پۆڵس بە گشتی شێوازێکی فێرکاری بووە.[a]

---

a J. I. Packer, Evangelism and the Sovereignty of God (Downers Grove, IL: InterVarsity Press, 1979), 48.

ئەمە هەواڵێکی خۆشە بۆ ئەوانەی کە هەموو یەکشەمەیەک وتار نادەن. ئێمە هەموومان ناتوانین وتاربێژ بین، بەڵام هەموومان لە دەرفەتی گونجاودا دەتوانین ئینجیلی مەسیح فێری کەسانی دیکە بکەین. زۆر جار بیر لەوە دەکەمەوە کە کاریگەری وتارەکە زۆرە یان کاریگەری ئەو پرسیارە زۆرترە کە لەدوای وتارەکە لە کەسێکی دەپرسیت ئاخۆ وتارەکەی پێ چۆن بووە. کاتێک وشەی خودا ڕادەگەیەنین، دەکرێت شتی مەزنی زۆر ڕووبدات.

فێرکردنی مزگێنیی مەسیح یارمەتیی لایەنی ڕۆحیمان دەدات، چونکە دەبێتە هۆی ئەوەی کە بەپێی بنەماکانی ئینجیل بژین. یەکێک لەو شتانەی کە دەبێت بیکەین کاتێک لەگەڵ باوەڕدارانی دیکەدا نان دەخۆین، ئەوەیە کە ئاخۆ ژیانمان لەگەڵ ئینجیلدا هاوتەریبە؟ ئەم پرسیارانە لە خۆت بکە: ئایا بە باوەڕ بە کارەکانی مەسیح دەژیم؟ ئایا نیعمەتی ئینجیل بەسەر ئەو کەسانەدا جێبەجێ دەکەم کە لە دەوروبەرمن؟ ئایا خۆنەویستانە لەوانە خۆش دەبم کە خراپەم بەرامبەر دەکەن؟

ئەگەر نازانیت چۆن ئینجیل فێری کەسانی دیکە بکەیت، ئەوا لەوانەیە بەڕاستی لێی تێنەگەیشتبێتیت. وە ئەگەر بەڕاستیی لێی تێنەگەیت، ئەوا لەوانەیە باوەڕدارێکی ڕاستەقینە نەبیت. زۆر کەس دەناسم کە پێیان وابووە باوەڕداری ڕاستەقینەن، بەڵام کاتێک بە مەبەستی فێرکردنی کتێبی پیرۆز دەستیان کردووە بە خوێندنی، بۆیان دەرکەوتووە کە هەرگیز تۆبەیان نەکردووە و هەرگیز لە قووڵایی دڵیانەوە باوەڕیان بە مەسیح نەهێناوە.

بەڵام لە هەمووی گرنگتر، لە بیرت بێت کە پێش ئەوەی کەسێک باوەڕ بهێنێت، دەبێت باسی ئینجیلی مەسیحی بۆ بکەیت و فێری بکەیت.

بە درێژایی ئەم چەندین ساڵەی کە مزگێنیم بە خەڵکی داوە، زۆربەی کات هۆکارەکەی ئەوە بووە کە کەسە بێباوەڕەکە ئامادەیی ئەوەی تێدا بووە بۆ ئەوەی لەگەڵ من کتێبی پیرۆز بخوێنێت. دەکرێت ئەو کەسانە کۆمەڵە قوتابییەک بووبێتن کە لە کۆنفرانس یان کەمپێکی هاوینەدا ئینجیلی مەرقۆسیان خوێندبێت. یاخود چەند کەسێک بووبێتن لە قاوەخانە یان لە کاتی نانی نیوەڕۆدا دەقێکی کتێبی پیرۆزمان خوێندبێت. گرنگ نییە کەی و لەگەڵ کێ کتێبی پیرۆزمان خوێندبێت، پرۆسەکە زۆر سادەیە: دەقەکە دەخوێنینەوە و شرۆڤەی دەکەین. بەپێی تێپەڕبوونی

کات، خەڵکی یەک یەک یان بەکۆمەڵ باوەڕ دەهێنن، چونکە کتێبی پیرۆزیان فێر کراوە. بێگومان ئەو جۆرە فێرکردنە لەوانەیە بە ئەندازەی بووژانەوەی بە کۆمەڵ و فراوان سەرنجڕاکێش نەبێت، بەڵام ئەگەر هەموو باوەڕدارێک ئەمە لەگەڵ بێباوەڕدا ئەنجام بدات، ئەوا پەیامی ئینجیلی پیرۆز دەگاتە گوێی زۆر کەس.

ئینجیل

ئێمە خەڵکی فێری بیرکاری یان زانست ناکەین. ئێمە خەڵکی فێری مزگێنیی مەسیح دەکەین. گرنگە کە بە جوانی مزگێنیی فێری خەڵکی بکەین، چونکە لە سەرتاسەری جیهاندا هەڵەتێگەیشتنێکی زۆر لەبارەیەوە هەیە.

دوو هەڵە هەیە کە دەکرێت سەبارەت بە مزگێنیی مەسیح ئەنجامی بدەین. دەکرێت زۆر گەورە یان زۆر بچووکی بکەینەوە. هەردوو هەڵەکە دەتوانن بە ڕێژەیەک بچووکیان بکەنەوە: هەڵەتێگەیشتن سەبارەت بە دەرهاوێشتەکانی مزگێنی. ئەم دەرهاوێشتانە لە باوەڕمان بە پەیامی ئینجیل سەرچاوە دەگرێت.

ئینجیلێکی بچووکبووەوە

کاتێک پێمان وایە کە ئینجیل تەنها ڕزگارمان دەکات، ئەوا لە ڕاستیدا بچووکمان کردووەتەوە؛ وە پێمان وایە کە جۆرێکە لە دڵنیایی ئاگر کە بەبێ تێگەیشتن لێی کاریگەریی هەتاهەتایی لێ دەکەوێتەوە.

لەبەر ئەوەی ئینجیل دڵی خودامان بۆ دەردەخات، تەواو ڕێی تێدەچێت لە بابەتە بنەڕەتییەکانی ئاگادارمان بکاتەوە لەوەی کە چۆن بژین - بابەتی وەکو خۆشەویستی، ئاشتبوونەوە، لێخۆشبوون، باوەڕ، بێفیزی، تۆبەکردن، هتد. ئینجا دەبینین کە ئینجیل دەبێتە دەروازەی ڕزگاری و شێوازی ژیانمان.

«تیم کێڵەر» زۆر بە جوانی باسی ژیانێکی پڕواپڕ لە مزگێنی کردووە، کە چۆن ئینجیل تەنها ئەلفبێی ژیانی باوەڕداران نییە - ڕێگەی ڕزگاری - بەڵکو لە ئەلفەوە بۆ یای ژیانی باوەڕدارانە.[a] ئینجیل ئاگادارمان دەکاتەوە کە چۆن دەژین. لە بەشی چوارەمدا زیاتر باسی ئەو ژیانە دەکەین کە ئینجیل چەق و ناوەندی پێکدێنێت.

---

a Tim Keller, Paul's Letter to the Galatians: Living in Line with the Truth of the Gospel (New York: Redeemer Presbyterian Church, 2003), 2.

ئینجیلێکی ئاوساو

کاتێک کە دەڵێین ئینجیل هەموو شتێکە، ئەوا لەڕاستیدا ئینجیلمان زۆر گەورە کردووەتەوە. ئێمە ئەم کارە دەکەین، کاتێک پێمان وایە لە ڕێگەی باوەڕ و دەرهاوێشتە جیاوازەکانی ئینجیلەوە ڕزگارمان بووە. بۆ نموونە، ڕێژەیەکی زۆر لە باوەڕداران پێیان وایە کە بە باوەڕ و کار و کردەوەی باش ڕزگایان بووە. هەروەها زۆری دیکەش (کە پێدەچێت زۆرینە بن) پێیان وایە بە باوەڕ و شەریعەت ڕزگارمان بووە.

بەدرێژایی مێژوو زۆر شت خراوەتە سەر مزگێنیی مەسیح. هەمیشە هەمان هەڵە دووبارە دەبێتەوە. خەڵک ئەو شتانە زیاد دەکەن کە لەوانەیە باش بن، بگرە ئایینی بن، وەکو ڕەوشت بەرزی، یارمەتیدانی هەژاران، یان پێیان وایە کە لەئاوهەڵکێشان و نانلەتکردن مەرجن بۆ ئەوەی ڕزگارمان بێت. هەموو ئەمانە بەشێکی گرنگن لە ژیانی باوەڕدار و شانازی و ئیمتیازن بۆمان. بەڵام تەنها لەبەر ئەوەی کە لە ئینجیلەوە هەڵدەقوڵێت، واتای ئەوە نییە کە دەبنە مایەی ڕزگاریمان. جگە لە خودی مزگێنیی مەسیح، جا ئیدی چەندە باش و نیازی باش بێت، ئەوا دەبێتە هۆی خراپکردنی مزگێنییەکە.

پێناسەیەکی باشی مزگێنیی مەسیح

کەواتە کاتێک باسی ئەوە دەکەین کە دەبێت وەکو باوەڕدار بە باشی بژین، باسی جێبەجێکردنی بابەتە بنەڕەتییەکان و دەرهاوێشتەکانی ئینجیل دەکەین. بەڵام کاتێک باسی ڕزگاری دەکەین، تیشک دەخەینە سەر پەیامی ئینجیل. کاتێک باسی باوەڕەکەمان بۆ کەسانی دیکە دەکەین، ئێمە چاو دەبڕینە ئەو پەیامەی کە بەرەو ڕزگاریمان دەبات. گرنگە کە سەرنجی ئەوە بدەین کاتێک کتێبی پیرۆز ئاماژە بە وشەی «مزگێنیی مەسیح» دەکات، لە پەیمانی کۆن و نوێشدا ئەم دەستەواژەیە پەیوەستە بە ڕزگارییەوە.

ئەمە پێناسەیەکی جوان و گونجاوە:

مزگێنیی مەسیح پەیامێکی خۆشە لە یەزدانەوە کە بەرەو ڕزگاریمان دەبات.

ئەمە پێناسەیەکی دیکەیە کە لەوە دەچێت سەرسام نەبین پێی، چونکە دەبێت بپرسین: «کەواتە پەیامی ڕزگاری چییە؟»

پەیامی مزگێنیی مەسیح وەڵامی چوار پرسیارەی گەورەمان دەداتەوە: خودا کێیە؟ بۆچی ئێمەی مرۆڤ ئەوەندە پەرێشانین؟ مەسیح چی کرد؟ چۆن دەتوانین بگەڕێینەوە بۆ لای خودا؟ لەم جیهانەدا لەم پرسیارانە گرنگتر بوونیان نییە، وەڵامی ئەو پرسیارانە لەم کورتەیەی خوارەوەدا ڕوون دەبێتەوە: خودا، مرۆڤ، مەسیح، کاردانەوە و وەڵام:

- خودا بەدیهێنەری ئێمەیە. ئەو خودایەکی خۆشەویستی و پیرۆز و دادپەروەرە. ڕۆژێک دێت کە دادپەروەرییەکی تەواو لە دژی هەموو گوناهێک جێبەجێ دەکات.
- مرۆڤ لە وێنەی خودا دروست کراوە. ئێمە بوونەوەرێکی جوان و سەرسوڕهێنەرین کە خاوەنی شکۆ و ڕێز و بەهاین. بەڵام بەهۆی یاخیبوونی گوناهبارانەمان لە دژی خودا، لە منداڵی ئەوەوە بووین بە دوژمنی ئەو. بەڵام هێشتا تەواوی مرۆڤەکان توانای ئەوەیان هەیە کە لە پەیوەندییەکی پڕ لە ئاشتیدا بن لەگەڵ خودای زیندوودا.
- مەسیح کوڕی خودایە، کە ژیانە بێ گوناهەکەی توانای ئەوەی پێدا ببێتە قوربانییەکی تەواو و کامڵ. لە ڕێگەی مردنی لەسەر خاچ، باجی گوناهی مرۆڤەکانی دا. مردنی مەسیح بەهای گوناهەکانی هەموو ئەو کەسانەی دەستەبەر کرد کە بە باوەڕەوە هانای بۆ دەهێنن. هەستانەوەی مەسیح لەنێو مردووان ئەوپەڕی بەرگریکردنە لە ڕاستیی ئەم بانگەشانە.
- خودا چاوەڕێی ئەومان لێ دەکات کە دان بە گوناهەکانماندا بنێین، تۆبە بکەین و باوەر بە مەسیح بهێنین. بۆیە ئێمەش پشت لە گوناه دەکەین، بە تایبەتی گوناهی بێباوەڕی و گومانکردن، وە بە باوەڕەوە ڕوو لە خودا دەکەین و لەوە تێدەگەین کە دەبێت هەمیشە شوێن فەرمایشتەکانی ئەو بکەوین.

ڕێگایەکی دیکە بۆ گوتنی هەمان چیرۆک بریتییە لە باسکردنی چیرۆکی بەدیهێنان، یەکەم گوناهی مرۆڤ، ڕزگاریی و ڕۆژی دوایی. چەندین کورتەی دیکەی باش لەبارەی مزگێنیی مەسیحەوە هەن. گرنگ نییە کام شێوازە بەکاردێنیت، ئەوە گرنگە پەیامی ئەوە بە خەڵکی بدەیت کە دەبێت لەگەڵ خودا ئاشت ببنەوە.

ئومێدی مزگێنیدان ئەوەیە کە لە ڕاستیی ئینجیل و شێوازی ژیان بەپێی کتێبی پیرۆز ڕۆبچین، وە خۆمان بۆ خوێندنی مزگێنیی مەسیح دابین بکەین، بەو شێوەیە مزگێنیی لە دەروونمانەوە هەڵدەقوڵێت.

ئامانج و مەبەست

کاتێک ئینجیلی مەسیح فێری کەسانی دیکە دەکەین، ئامانج و مەبەستێکی دیاریکراومان هەیە. ئامانج وشەیەکی بچووکە، وە لەوانەیە لە کاتی خوێندنی پێناسەی مزگێنیداندا بە ئاسانی بەسەر ئەم وشەیەدا تێپەڕ بووبێتین. بەڵام ئامانج ئەو شتەیە کە زۆربەی کات لە کاتی مزگێنیداندا وا دەکات هەڵە بکەین، بە تایبەتی باوەڕدارە بە ئەزموونەکان.

ئامانجی ئێمە لەو تێگەیشتنەوە سەرچاوە دەگرێت کە هەر کەسێک قسەی لەگەڵ دەکەین، بە یەکێک لەم ئاراستانەدا هەنگاو دەنێت: ژیانی جاویدانی یان سزای هەتاهەتایی. کەواتە، نابێت بە شێوەیەکی ئەکادیمی یان هەڕەمەکی دەست بکەین بە باسکردنی ڕاستییەکانی ئینجیل. کەواتە لە کاتی فێرکردنی ئینجیلدا ئامانج و مەبەستێکی دیاریکراومان هەیە.

ئامانج ئەوەمان بەبیر دێنێتەوە کە خەڵکی شتێکی زیاتریان لە گواستنەوەی داتا و زانیاری پێویستە. ئەوانەی کە پێیان وایە مزگێنیدان دەبێت فێر بکرێت، کارێکی باش دەکەن لە ڕوونکردنەوە و فراوانکردن و وەڵامدانەوەی پرسیارەکاندا، وەک چۆن دەبێت هەموومان وا بکەین. هەموو باوەڕداران دەبێت بیر لەو هۆکارانە بکەنەوە کە بە هۆیەوە ئومێدمان بە مەسیح هەیە؛ هۆکارگەلێک کە ڕەخنە و پرسیارەکان وەلاوە دەنێت. بەڵام کاتێک ڕاستییەکانی ئینجیل ڕێک دەخەین، بیرکردنەوە لە ئامانجەکانی مزگێنیدان یارمەتیمان دەدات کە میهرەبان و تێگەیشتوو و پڕ لە خۆشەویستی بین (یەکەم پەترۆس ٣: ١٥).

هەبوونی ئامانج و مەبەستێکی دیاریکراو هاوکاریمان دەکات دید و ڕوانگەیەکمان بەرامبەر ئەو کارە هەبێت کە ئەنجامی دەدەین. بەرەو کۆتایی هانمان دەدات. هەبوونی ئامانج یارمەتیمان دەدات کە لە بیرمان بێت زۆر کەس لە مەترسیدان: دەبێت خەڵکی لە تاریکییەوە بەرەو ڕووناکی ببیەن، لە کۆت و بەندەوە بەرەو

ئـازادی ببەیـن. بـە ئامانجگرتنـی شـتێکی گـەورە وا دەکات کـە بزانیـن دەبێـت چاومـان لەسـەر چـی بێـت و چ شـتێکیش پشـتگوێ بخەیـن.

سـەرقاڵی پێشکەشـکردنی بەرنامەیەکـی ڕادیۆیـی بـووم کـە ژنێـک پەیوەنـدی پێمانـەوە کـرد و گوتـی: «ئایـا دەبێـت بەشـداری ڕێوڕەسـمی لەئاوهەڵکێشـانی خوشـکەزا بچووکەکـەم بکـەم لـە کڵێسـایەکی کاتۆلیکـدا؟» ئینـج تـووڕە بـوو و دڵتەنگـی خـۆی نیشـاندا کـە بۆچـی خوشـکەکەی پێـی وایـە ئـەوە دەبێتـە مایـەی ڕزگاریـی منداڵەکـەی.

منیـش قسـەکانیم پـێ بـڕی و گوتـم: «بـە ڕای مـن تـۆ دەبێـت بچیـت و بەشـداری بکەیـت، بـەڵام نـەک بـە مەبەسـتی پشـتگیریکردنی بابەتێکـی نائینجیلـی. دەبێـت بچیـت چونکـە ئامانجێکـی گەورەتـر لـە ڕاسـتکردنەوەی خوشـکەکەت هەیـە دەربـارەی لەئاوهەڵکێشـانی منـداڵان. تـۆ دەبێـت بچیـت و بەوپـەڕی خۆشەویسـتییەوە پشـتگیریيان بکەیـت، چونکـە ئـارەزووی ئـەوە دەکەیـت کاریگەریـت هەبێـت لـە ژیانـی خوشـکەکەتدا و دەتەوێـت ڕزگاریـی ببێـت... هەروەهـا دەبێـت چـاوت لەسـەر ژیانـی خوشـکەزاکەشـت بێـت.

حـەزم کـرد ئامانجێکـی باشـتری هەبێـت، بـۆ ئـەوەی ئامانجـی مزگێنیدانەکـە لەدەسـت نـەدات.

قایلکردن

لـە مزگێنیدانـدا، هەمـوو ئامانجێـک سـەر ناگرێـت. ئێمـە ئامانجێکـی دیاریکـراو و بەرچاومـان هەیـە لـە کاتـی مزگێنیدانـدا: دەبێـت خەڵکـی قایـل بکەیـن کـە بۆچوونیـان بگـۆڕن و ببنـە شـوێنکەوتووی عیسـای مەسـیح.

پۆڵـس دەڵێـت کـە خەڵکـی قایـل بکەیـن بـۆ ئـەوەی ببنـە بـاوەڕداری مەسـیح (دووەم کۆرنسـۆس ٥: ١١). وشـەی «قایلکـردن»م بـەلاوە زۆر پەسـەندە، چونکـە وا دەکات هەڵـە نەکەیـن: ئێمـە خەڵـک قایـل دەکەیـن، بـەڵام قۆرخیـان ناکەیـن؛ ئێمـە قایلیـان دەکەیـن، بـەڵام ئـەوە ئێمـە نیـن کـە وا دەکات تۆبـە بکـەن و بگۆڕدرێـن. بێگومـان حـەز دەکەیـن خەڵکـی بگۆڕدرێـن، چونکـە دەزانیـن بەهـۆی گۆڕینیانـەوە بـاوەڕ دەهێنـن. بـەڵام گۆڕینـی ڕاسـتەقینە کاری ڕۆحـی پیـرۆزە.

لەڕاسـتیدا گۆڕینـی بیروبـاوەڕ یەکێکـە لـەو شـتانەی بـاوەڕی مەسـیحییەت کـە زۆرتریـن

هەڵەتێگەیشتن لەبارەیەوە هەیە. ئەو کاتەش هەر بە تەواوی ڕوون نەبوو کە عیسا بۆ ڕابەرانی ئایینی ڕوون کردەوە (یۆحەنا ٣). وە ئەمڕۆش ئەم بابەتە بۆ باوەڕدار و بێ باوەڕیش هەر ناڕوونە. بۆیە باش دەبێت هەوڵی ڕوونکردنەوەی بدەین.

من کە لە ناوچەیەکی زۆرینە موسڵمان دەژیم، خەڵکی بەلایانەوە سەیرە کە دەڵێم هیچ کەسێک لە سەرەتادا باوەڕداری مەسیح نەبووە، بەڵام دواتر بیروباوەڕیان گۆڕیوە و بوونەتە شوێنکەوتووی مەسیح. تەنانەت ئەوانەی کە دایک و باوکیان باوەڕدارە، کە دێتە سەر باسی گۆڕینی بیروباوەڕ سەریان لێ دەشێوێت، چونکە زۆربەیان لە کەلتورێکەوە هاتوون کە تیشک خراوەتە سەر ئەوەی کە خەڵکی بە هۆکاری دەرەکی شوێنکەوتووی مەسیحن. بەڵام کتێبی پیرۆز فێرمان دەکات کە گۆڕینی بیروباوەڕ پەیوەندی بە ئایینی دایک و باوکتەوە نییە، یان پەیوەندی بەو کڵێسایەوە نییە کە سەردانی دەکەیت، یان ئەوەی کە لەسەر پاسپۆرتەکەت نووسراوە. هەروەها پەیوەندی بە دەستکەوتە ئەکادیمییەکانیشتەوە نییە، تەنانەت ئەگەر لە ناوەندێکی ئایینی بەرزیش خوێندنت تەواو کردبێت. گۆڕینی بیروباوەڕ لە باوەڕێکی ڕاستەقینە و ئاگایانە و ڕاست بە عیسای مەسیح سەرچاوە دەگرێت.

وەکو چۆن ناتوانین وا بکەین خەڵکی بیروبۆچوونیان بگۆڕن، بە هەمان شێوەش ناتوانین باوەڕی ڕاستەقینە لە دەروونی خەڵکدا بەرهەم بێنین. هەروەها ئەمەش کاری ڕۆحی پیرۆزە.

جێفی هاوڕێم لە کاتی نانی نیوەڕۆدا لەگەڵ برایەکدا باسی مەسیحی دەکرد کە لە بازاری بۆرسەدا کاری دەکرد. لە کۆتایی قسەکانیاندا، ئەو برایە بە جێفی گوت: «دەزانی چییە جێف، خۆزگە منیش ئەو باوەڕەی تۆم هەبووایە!».

جێفیش گوتی: «دەبێت بزانیت کە باوەڕ دیارییە. هیچ پەیوەندییەکی بە منەوە نییە. خودا بەخشەری ئەم دیارییەیە، بۆیە نوێژ دەکەم کە خودا دیاریی باوەڕت پێ ببەخشێت». بێگومان ئەمە ئەو وەڵامە نەبوو کە ئەو چاوەڕێی دەکرد، بەڵام وەڵامێکی زۆر جوان و دروست بوو. بێگومان گۆڕینی بیروباوەڕ شتێکی گرنگە، بەڵام گۆڕین کاری باوەڕێکی ڕاستەقینەیە، کە ڕۆحی پیرۆز دەیبەخشێت.

بەڵام لەوانەیە گرنگترین شت کە پێویستە دەربارەی گۆڕینەوە تێبگەین ئەوەیە کە چۆنە کاتێک ڕوودەدات.

ئاگرکەوتنەوە لە کەنیشتێکدا:

گۆڕینی ڕاستەقینە چۆنە

گۆڕینی بیروباوەڕ تەنها هەستێکی خۆش نییە. تەنها گۆڕینی مێشکمان نییە. تەنها هەڵدانەوەی لاپەڕەیەکی نوێ نییە. ئەو شتانە لەوانەیە ڕووبدەن، بەڵام دەکرێت بە هۆکاری دیکەش ڕووبدەن جگە لە گۆڕینی باوەڕ. باوەڕهێنانی ڕاستەقینە بێوێنەیە. لە تۆبەکردن و باوەڕەوە لەدایک دەبێت، وە بەرهەمەکەی بریتی دەبێت لە ژیانێکی گۆڕاو.

لەم دواییانەدا بەشداریم کرد لە سیمینارێکی مێژوونووس «جەیمس ماکفێرسۆن» دەربارەی جەنگە دەریاییەکان لە سەردەمی شەڕی ناوخۆدا. شایانی باسە جەیمس براوەی خەڵاتی «پولیتزەر»ە. سێمینارەکە لە لایەن کۆمەڵەی مێژوویی ناوخۆییەوە سەرپەرشتی دەکرا، وە لە کەنیشتێکی گەورەی جولەکەکاندا بوو. هۆڵەکە پڕ بوو لە بەشداربووان. کەش و هەوایەکی تایبەتت هەست پێ دەکرد کاتێک کە هەموومان چاوەڕێی ئەو پرۆفیسۆرە بەناوبانگەی زانکۆی پرینستنمان دەکرد.

کاتێک د. ماکفێرسن هاتە سەر تەختەی شانۆ، دەسەڵاتی تەواوی گرتە دەست. دەنگە بەرزەکەی و قسە خۆشەکانی، وە دەسەڵاتی تەواوی بەسەر بابەتەکەدا، بە تەواوی سەرنجی ئامادەبووانی بۆ خۆی ڕاکێشابوو. بەڵام لە ناوەڕاستی وانەکەدا، زەنگی ئاگر لێدرا. ئەوە ئاگادارییەکی ڕژد و گرنگ بوو. تەنها زەنگێکی ئاسایی نەبوو، بەڵکو ڕووناکییەکی زۆریش لەگەڵ زەنگی ئاگادارکردنەوەکەدا دەبینرا.

د. ماکفێرسن لە جێگەی خۆی ڕاوەستا. چاوە زەقبووەکانی بایەقوشی وەبیر من دەهێنایەوە. سەری دەسوڕاند بەبێ ئەوەی کە بزانێت دەبێت چی بکات. لەبەر ئەوەی هیچ بەرپرسێکی کەنیشتەکە لەوێ ئامادە نەبوو، کەس خۆی نەکردە خاوەنی بابەتەکە. ئێمە تەماشای چواردەوری خۆمان دەکرد و پێدەکەنین و نەماندەزانی دەبێت چی بکەین. وا هەستت دەکرد کە زەنگەکە بۆ هەتاهەتایە لێدەدرێت و هەرگیز بێدەنگ نابێت. خەڵکی بە کۆمەڵ دەستیان کرد بە ورتەورت و چاوەڕێی ئەوە بوون کە زەنگەکە بێدەنگ ببێت.

لە دڵی خۆمەوە گوتم: «لەوانەیە هەر بەڕاستی ئاگرێک کەوتبێتەوە». بەڵام هەر

خێرا ئەو بۆچوونەم لە مێشکم دەرکرد و گوتم: «ئێستا زەنگی هەڵە شتێکی باوە؛ دەزانم کە زەنگەکان پێویستیان بە ڕێکخستنەوە هەیە». جگە لەوە وا دیارە هیچ کەسێک ئەوە بە کێشە نازانن، جگە لە یەک پیاو نەبێت کە لەسەرخۆ هەستایەوە و چووە دەرەوە. پێم وا نەبێت کەسانێکی زۆر سەرنجی ئەو پیاوەیان دابێت. ئینجا پاش ماوەیەک زەنگەکە وەستا و دکتۆر دەستی کردەوە بە وانەکەی.

ئەگەر ئەمە نموونەی گۆڕینێکی ڕاستەقینە بێت، لەو هۆڵەدا تەنها یەک کەس بەڕاستی باوەڕی هێنا، تەنها یەک باوەڕداری ڕاستەقینەی لێبوو؛ ئەوانەی دیکەمان لەنێو لۆژیکیی مێشکی خۆماندا گیرمان خواردبوو. هەندێکیان لەوانەیە بیریان کردبێتەوە کە دەکرێت ئاگر کەوتبێتەوە، بەڵام ئەوەندە باوەڕیان بەو بۆچوونە نەبوو کە بچنە دەرەوە. بەپێی کتێبی پیرۆز ئێمە قایل نەبووین مەگەر ئەوەی کە تۆبە بکەین، وە بەڕاستی باوەڕ بە مەسیح بهێنین و لەگەڵیدا بژین.

ئێستا باسی چوار بەشی مزگێنیدان دەکەین.

چی دەبێت ئەگەر بە هەڵە لە مزگێنیدان تێبگەین؟

مزگێنیدان واتە فێرکردنی ئینجیل (پەیامی خودا کە بەرەو ڕزگاریمان دەبات) کە ئامانجمان قایلکردنی بەرامبەرەکەمانە. ئەگەر کڵێسایەک لە مزگێنیدان بەپێی کتێبی پیرۆز تێنەگات، بەپێی تێپەڕبوونی کات کڵێساکە تێکدەچێت و گەندەڵ دەبێت. ئەگەر مزگێنیدان بە شێوەیەکی دروست ئەنجام نەدەین، ئەوا پایەکان دەڕووخێن:

- ئامانجی وتاردارن و فێرکردنی کتێبی پیرۆز بەرەو ژیانێکی ڕەوشت و ئاکار بەرز دەمانبات، نەک ژیانێک کە بە دەوری مزگێنیی مەسیحدا بخولێتەوە.
- بێباوەڕان وا بیر دەکەنەوە کە کێشەیان نییە و ئاساییە کە باوەڕیان بە مەسیح نییە.
- باوەڕدارانی مەسیح پێیان وایە کە بێباوەڕان باوەڕیان هەیە چونکە بە ڕووکار باوەڕیان هێناوە.
- کڵێسا ئەو کەسانە لە ئاو هەڵدەکێشێت کە باوەڕیان نەهێناوە.

- له کۆتاییدا، بێباوەڕان دەبنە ڕابەرانی کڵێسا.
- بەو شێوەیە کڵێسا دەبێتە کەلتوری لاوەکی ڕووکارێکی ڕەمزی.

مزگێنیدانی ئائینجیلی شێوازێکی خۆکوژییە بۆ کڵێسا، بۆیە دەبێت ئاگادار بین چونکە ژیانی کەسانی دیکە لە مەترسیدایە.

مزگێنیدەران وەکو ئەو ڕاوێژکار و دەروونناسە شارەزایانەن کە بانگ دەکرێن بۆ ئەوەی لەگەڵ کەسانێکدا قسە بکەن کە دەیانەوێت خۆیان بکوژن. کاری ئەوان ئەوەیە کە ڕێگە نەدەن کەسێک خۆی لە لێواری پەنجەرەکەوە فڕێ بداتەوە خوارەوە. ڕاوێژکارەکە فشار بۆ کەسەکە ناهێنێت، هەروەها درۆش ناکات. ئەوان ئومێد و ڕاستی و هۆکار بەکاردێنن بۆ ئەوەی کەسی بەرامبەریان قایل بکەن و لە خۆکوژی پەشیمانیان بکەنەوە. ئارام و لەسەرخۆن؛ هەروەها میهرەبانن، چونکە دەزانن ژیانی کەسێک لە مەترسیدایە.

وەکو ئەو دەروونناسانە ئێمەش ئومێدی مزگێنیی وەکو هۆکار دەهێنینەوە. ئێمەش لەسەرخۆ و میهرەبان دەبین، چونکە دەزانین چ مەترسییەکمان لەبەردەمە. ئامانجی ئێمە ئەوەیە کە خەڵکی قایل بکەین بۆ ئەوەی خۆیان فڕی نەدەنە خوارەوە. وە کاتێک دەبینیت کەسێک خۆی دەخاتە نێو باوەشی ڕزگارکەرەوە، ئاسوودەیی و خۆشییەکی زۆر ڕووت تێدەکات.

بەشی دووەم

کەلتور و فەرهەنگی مزگێنیدان

پۆڵس لە نامەکەیدا بۆ فیلیپی دەڵێت:

«کەواتە ئەمە ڕاستە سەبارەت بە هەمووتان ئەم هەستەم هەبێت، چونکە ئێوە لە دڵی مندان. ئەگەر بە کۆت و زنجیرەوە بم، یاخود لە کاتێکدا بەرگری لە پەیامی ئینجیل و چەسپاندنی دەکەم، هەمووتان لە نیعمەت لەگەڵم بەشدارن. خودا شایەتمە چەندە بە پەرۆشم بۆ هەمووتان بە سۆزی عیسای مەسیح» (فیلیپی ١: ٧- ٨).

بە تەواوی لە هەست و سۆزی پۆڵس بۆ هاوڕێکانی لە فیلیپی تێدەگەم، چونکە ئەوندەی کە لە بیرمە من لەگەڵ هاوڕێکانماندا ژیاوم.

کاتێک منداڵ بووم هاوڕێکانم لەگەڵ خۆم دەهێنایەماڵەوە. لە یادمە کە لە حەوشەی دواوەی ماڵەوەمان لەگەڵ منداڵەکانی دیکەدا یاریم دەکرد؛ دایکم دڵی بەوە خۆش بوو چونکە کەسێکی کۆمەڵایەتی و تێکەڵ بوو.

کە لە زانکۆ بووم زۆر بە دەگمەن بە تەنها دەرسم دەخوێند؛ لە ڕاستیدا زۆر کەم دەرسم دەخوێند، بەڵام کە دەمخوێند، هەمیشە لەگەڵ کۆمەڵێک لە خوشک و برایانی دیکەدا دەمخوێند. من هاوسەرگیریم لەگەڵ باشترین هاوڕێمدا کرد.

کە کاریش دەکەم، زۆر دڵخۆشم کاتێک لەگەڵ هاوڕێ و کەسانی نزیکمدا ئیش دەکەم. هاوڕێم لەگەڵ خۆم بردووە بۆ ئەوەی لەگەڵ من لە کیشوەرێکی دیکەدا بژی، هەروەها لەو کیشوەرە نوێیەدا هاوڕێی دیکەم پەیدا کردووە.

بێگومان لەگەڵ ئەوانەشدا، کێشە و گرفتیشم هەیە. بۆ نموونە، کێشەیەکم ئەوەیە کە ناتوانم لەگەڵ هاوڕێکانمدا کتێب بنووسم. بەڵام سەرەڕای ئەوەی کە هەندێک ئیش پێویستی بەوەیە بە تەنها ئەنجامیان بدەم، بەڵام ئارەزووی ژیانی من ئەوەیە کە لەگەڵ هاوڕێکانم بم، هەر لە حەوشەی دواوەی ماڵەوەمان هەتا گەشتکردن بۆ کیشوەرێکی دیکە. هەمیشە ئەم حەز و ئارەزووەم هەبووە؛ من بەم جۆرەم.

کەواتە بۆچی کەسێکی کۆمەڵایەتی و تێکەڵی وەکو من مزگێنیدان لە ڕوانگەیەکی تاکەکەسییەوە دەبینێت؟ لەوانەیە هۆکارەکەی ئەوە بێت کە هەموو ڕێنماییەکانی

پەیوەست بە مزگێنیدان کە هەتا ئێستا گوێم لێ بووە، پەیوەندی بووبێت بە مزگێنیدانیی کەسیی. تەنانەت هەموو ئەو فێرکردنانەی لە چەند ساڵی ڕابردوودا لە کڵێسا پێشکەشم کردووە، پەیوەندی بە مزگێنیدانیی کەسییەوە بوو. ئەوە بەلامەوە سەیرە، بە تایبەت لەبەر ئەوەی کە مزگێنیدان ترسناکە و حەز ناکەم کاری ترسناک بە تەنها ئەنجام بدەم. دڵنیام تۆش بەو جۆرەی. بێگومان هەمیشە کەسێکی تایبەت و ناوازە هەیە کە هیچ ترسێکی لە مزگێنیدان نییە. بەڵام ئەگەر پرسیار لە زۆربەی کەسە ئاساییەکان بکەیت سەبارەت بەوەی کە چ شتێک ڕێگرە لە مزگێنیدان، زۆربەیان پێت دەڵێن ترس، ترسی ڕەتکردنەوە، ترسی بە گێل زانین، یان ترسی ئەوەی کە بکەویتە نێو حاڵەتی شەرمەزارکەرەوە سەبارەت بە مزگێنیدەران. بەپێی «جی کەی چێسترتن» مزگێنیدان تاقی نەکراوەتەوە بۆ ئەوەی بیانەوێت ئەنجامی بدەن، بەڵکو مزگێنیدان سەختە و بە تاقینەکراوەیی ماوەتەوە.

کەواتە بۆچی دەبێت کارێکی سەخت و مەترسیدار بە تەنها بکەیت؟ باوەڕداران پێکەوە پەیوەستن! لەگەڵ ئەو باوەڕدارانەدا مزگێنی بدە کە هانت دەدەن و پشتگیریت دەکەن.

من مزگێنیی کەسیم بەلاوە پەسەندە و دەبێت ئامادە بین بۆی. بەڵام لەبەر ئەوەی کە باوەڕم وایە کڵێسا مەکینەی مزگێنیدانە، دەبێت کەلتور و فەرهەنگی مزگێنیدان لەنێو کڵێسا خۆجێیی و ناوخۆییەکاندا پەرە پێ بدەین. ئێمە کڵێسایەکمان دەوێت کە هەموو ئەندامەکانی مزگێنی دەدەن.

بیر لە سود و قازانجەکانی مزگێنیدانی گشتی بکەوە:

- لە یەکتر دەپێچینەوە.
- چارەوە هاوبەشەکان بەهێز دەکەین.
- لە یەکترەوە فێر دەبین.
- لە سەرکەوتندا پێکەوە دڵشاد و لە دۆڕاندا پێکەوە دڵتەنگ دەبین.
- لە بارودۆخە سەخت و دژوارەکاندا، لە ڕێگەی ئەزموونی هاوبەشەوە پێکەوە پەیوەست دەبین.

وەکو دەبینین شتێکی لۆژیکییە کە شان بە شانی هاوڕێکانمان مزگێنیی مەسیح

ڕابگەیەنین. لەڕاستیدا وزەیەکی زۆری ناوێت کە زۆربەی باوەڕداران قاییل بکەین سەبارەت بەوەی کە مزگێنیدانی گشتی کارە دروستەکەیە. لە ڕاستیدا پەیداکردنی ئەو کەسانەی کە ئامادەی جێبەجێکردنی ئەم کارەن، شتێکی سەخت نییە.

بەڵام زۆربەی کات کە بیر لە مزگێنیدانی گشتی و بەربڵاو دەکەینەوە، بەرنامەی تایبەت بە مزگێنیدان بە مێشکماندا دێت، کە لەڕاستیدا دوو شتی جیاوازن. مەبەستم لە بەرنامە ئەو بۆنە و ڕێوڕەسمە گەورانەیە کە کەسێکی بەناوبانگ دێت و قسە لەسەر بابەتێکی سەرنجڕاکێش دەکات. لە کاتی ڕێوڕەسمەکەدا، باسێکی مزگێنیدانیش دەکرێت. یاخود لەوانەیە بەرنامەیەکی کۆمەڵایەتی بێت، وەکو بەرنامەیەکی وەرزشی، کە ئومێدی ئەوە دەخوازیت لە میانەی بەرنامەکەدا دەرگایەک بۆ گفتوگۆیەکی ڕۆحی واڵا ببێت.

خودا دەتوانێت بەرنامە و بۆنەکان بەکاربهێنێت. خەڵکی وا دەناسم کە لە ڕێگەی ئەم بۆنە و ڕێوڕەسمانەوە باوەڕی بە مەسیح هێناوە. دەبێت ئەوەش بڵێم کە من خۆم زۆر جار لە بەرنامەی تایبەت بە مزگێنیدان قسە دەکەم و وتار دەدەم. بەڵام پێم وا نییە کە بەرنامەکان باشترین و کاریگەرترین و بگرە سەرەکیترین ڕێگای مزگێنیدان بن.

شانۆی زیندووبوونەوەی عیسای مەسیح

کڵێسایەک لە شارەکەی مندا بڕیاری دا کە پشتگیری مادی شانۆیەک بکات کە تایبەت بوو بە ئازارچێژتنی عیسای مەسیح. بیرۆکەی ئەم شانۆیە ئەوە بوو کە بەرزبوونەوەی عیسا بۆ ئاسمان بکرێتە شانۆ و لەسەر شەقام پێشکەش بکرێت تاکو لەو ڕێگەیەوە خەڵکی بەرەو مەسیح بێن. پیرانی ئەو کڵێسایە دەیانویست کارەکە بە جوانی بەڕێوە بچێت و لە کۆتاییدا ڕێگە بە خەڵکی بدرێت کاردانەوە و وەڵامی خۆیان دەربخەن.

ئەم ئامانجە پێویستیی بە سیناریۆیەکی جوان و گونجاو هەبوو، بۆ ئەوەی سنوورداربوونی تەختەی شانۆ گرفتیان بۆ دروست نەکات. وە بێگومان شانۆگەرییەکە دەبێت خۆش و سەرنجڕاکێش بێت. بۆیە گۆرانی و نواندنی جوانیان هەبوو. داوا لە ئەندامانی کڵێسا کرا کە دیمەنی ماوە درێژ دروست بکەن و ئەوانیش بێوچان لە

هەوڵی ئەوەدا بوون کە بەرنامەیەکی ورد دابڕێژن. باخچەی ئاژەڵان و کێڵگەکان بەتاڵ کران لە ئاژەڵ و ڕاهێنەر و جوتیارەکان. حوشتر و مەڕ و مانگاکان هێنرانە سەر تەختەی شانۆ کە ئامادەبووان زۆر دڵخۆش بوون بە بینینیان. بەردەوام کۆترەکان بە ڕیز دەفڕین.

ئەم شانۆیە ساڵانە پێکەش دەکرا، وە بەپێی تێپەڕبوونی کات، ناوبانگی لە سەرووی چاوەڕوانییەوە بوو. کە زیاتر بەناوبانگ بوو، دەرهێنەری شارەزا و پسپۆڕی هاڵیوود دەهات بۆ ئەوەی سەرپەرشتی کارەکان بکات. تەنها ڕۆڵی «مەسیح» لە لایەن کەسێکی بێ باوەڕی هاڵیوودەوە گێڕدرا. هەر چەندە ئەو کڵێسایە خاوەنی هۆڵێکی زۆر گەورە بوو، بەڵام بەشداربووان ئەوەندە زۆر بوون کە جێگەیان نەدەبووەوە. بۆ ئەوەی بتوانن ئەو قەرەباڵغییە چارەسەر بکەن، بلیتی بەلاش دابەش دەکرا؛ چەندین هەفتە ئەم شانۆیە بەردەوام دەبوو. خەڵکی لە شار و ناوچەکانی دیکەوە دەهاتن بۆ بینینی شانۆکە. بەرنامەکە ژیانێکی تایبەت بە خۆی هەبوو.

کە هەمووی پێکەوە لێکدەدەیتەوە، بەرنامەیەکی زۆر جوان و تایبەت بوو! هیچ کەسێک لە کاتی شانۆکەدا خەوی لێ نەدەکەوت. نواندنەکە زۆر جوان بوو، گۆرانییەکان لە ئاستێکی بەرزدا بوون. ئاژەڵەکان منداڵەکانیان تەواو دڵخۆش کردبوو. یەکێک لەو شتانەی کە منداڵەکانی من بەلایانەوە زۆر خۆش بوو، ئەوە بوو کە یەکێک لە سوارچاکەکان بە سواری ئەسپێکی سپییەوە لە کاتی ڕاکێشانی شمشێرەکەیدا ئەسپەکە پێی بەرز دەکاتەوە و دەحیلێنێت (هەرگیز لەوە تێنەگەیشتم کە ئەم دیمەنەیان لە کوێی ئینجیلەوە هێنابوو). لەدوای نیشاندانی لەخاچدانی مەسیح، کە هەندێک بەتامتر و شانۆییتر لە ڕووداوە ڕاستەقینەکە ئەنجام درابوو، عیسا لە ڕێگەی چەند وایەرێکەوە هەڵدەکێشرێتەوە سەرەوە. بەڕاستی ناوازە بوو!

بەڵام یەک کێشەی بچووک هەبوو: کاتێک کڵێسا تەماشای کرد بە درێژایی ساڵەکان چی ڕوویداوە، سەرەڕای بەناوبانگبوونی بەرنامەکە، بۆی دەرکەوت کە لە ڕێگەی ئەم شانۆیەوە هیچ کەسێک باوەڕی بە مەسیح نەهێناوە.

سەرەڕای خەرجکردنی ئەو هەمووە پارەیە، ئەو هەمووە کاتە کە بۆ ئامادەکردنی تەختەی شانۆ، پەیداکردنی خەڵکی، جێبەجێکردنی یاسا ئاڵۆزەکانی حکومەت بۆ بەرزکردنەوەی ئەکتەرەکان بە وایەری تایبەت؛ سەرەڕای ئەو هەموو بەشداربووە کە

خۆی لـە هـەزاران بەشـداربوو دەدا، وە سـەرەڕای پاککردنـەوەی پاشـماوەی ئـەو هەمـووە ئاژەڵـە، هیـچ کەسـێک بـاوەڕی بـە مەسـیح نەهێنـا. بۆیـە پیرانـی کڵێسـا ژیرانـە کۆتاییـان بـە شـانۆکە هێنـا.

دڵنیـام ئـەوە کارێکـی سـەخت بـووە. خەڵکـی حەزیـان لـەو شـانۆیە بـوو. بـەڵام کڵێسـا بڕیـاری دا کـە نیـوەی ئـەو کاتـەی کـە ئەندامـان لـەم شـانۆیەدا بەسـەریان بـرد، ئەگـەر لـە گفتوگـۆ لەگـەڵ دراوسـێ، هـاوکار، قوتابییانـی هاوپۆلیانـدا لـە گفتوگـۆ دەربـارەی مەسـیح بەسـەری ببـەن، ئـەوا دەتوانیـن کاریگەریـمان لەسـەر خەڵکێکـی زیاتـر هەبێـت. ئەگـەر بیـری لـێ بکەیتـەوە، هیـچ کڵێسـایەک هێنـدە گـەورە نییـە کـە جێگـەی ئـەو هەمـوو کەسـە ببێتـەوە کـە ئەندامانـی کڵێسـایەک پەیوەندییـان لەگەڵیانـدا هەیـە. واتـە، بـاوەڕداران دەتوانـن پەیوەندییەکـی زۆر و بەربـڵاو لەگـەڵ کەسـانی بێبـاوەڕدا دروسـت بکـەن.

ڕاسـتییەکە ئەوەیـە کـە کەسـانێکی زۆر لـە ڕێگـەی کاریگـەری ئەندامێکـی خێـزان، گروپێکـی بچووکـی تایبـەت بـە خوێندنـی کتێبـی پیـرۆز، یـان گفتوگۆیەکـی هاوڕێیـان لـەدوای کۆبوونـەوەی کڵێسـا بـاوەڕ دەهێنـن؛ واتـە ئـەو کاتە بـاوەڕ دەهێنـن کە بـاوەڕداران بـە تایبەتـی بـە ئامانجـەوە باسـی مزگێنیـی مەسـیح دەکـەن.

بـەڵام ئەگـەر بـە جوانـی بڕوانیتـە بەرنامـە و ڕێوڕەسـمەکان، دەبینیـت کـە ناگونجێـن و بـاش نیـن. پێـش هەمـوو شـتێک، پارەیەکـی زۆری تێدەچێـت: هەتـا پـارەی زیاتـر لـە بەرنامەکـەدا خـەرج بکەیـت، بەرهەمێکـی کەمترمـان لـە مزگێنیدانـەوە دەسـت دەکەوێـت. بـۆ نموونـە، پرسـیاری ئـەوە لـە کەسـانی ژێـر بیسـت سـاڵان (کـە زۆربـەی خەڵکـی کەمتر لـەم تەمەنـە بـاوەڕ دەهێنـن) کـرا کـە چـۆن باوەڕیـان هێنـاوە، تەنهـا لـە سـەدا یەکیـان گوتـی لـە ڕێگـەی تەلەفزیـۆن یـان میدیـاوە بـووە، لـە کاتێکـدا سـەدا چـل و پێنجیـان لـە ڕێگـەی هـاوڕێ، یـان ئەندامێکـی خێزانیانـەوە بـووە.[a] تەنهـا بـەراوردی خەرجـی نێـوان کوپێـک قـاوە و بەرنامەیەکـی تەلەفزیۆنـی بکـە. یـان بیـر لـە کاریگەریـی ئەمـە بکـەوە: دایکـەکان لـە بەرنامـەکان زیاتـر خەڵکـی بـەرەو مەسـیح دەهێنـن.

سـەیرە کـە بەرنامەکانـی تایبـەت بـە مزگێنیـدان، لـە هەندێـک شـتدا لـە مزگێنیـدەرەکان

a Barna Group, "Evangelism Is Most Effective Among Kids," Oct. 11, 2004. https:// www .barna .org /barna -update /article /5 -barna -update /196 -evangelism -is -most -effective -among -kids #.UjmEo -AXd3 g.

باشترن: کۆمەڵە و دەستەیەک لەنێو باوەڕداران دروست دەکەن کە لەگەڵیاندا بەشداری بکەن، هانی باوەڕدران دەدەن کە بەرگری لە ڕاستیی مەسیح بکەن، وە دەتوانن وا لە کڵێساکان بکەن کە دەست بە خزمەتیی نوێ بکەن.

لەگەڵ ئەوەشدا، وا دیارە کە تینوێتییەکی نەبڕاوەمان بۆ بەرنامەکان هەیە بۆ ئەوەی ئەوان ئەرکی مزگێنیدان جێبەجێ بکەن. بۆچی بەو جۆرەین؟ بەرنامە وەکو شەکر وایە. بەتامە، تەنانەت ئاڵوودەت دەکات. واتە لێدەکات کە حەزت لە خواردنی تەندروست نەبێت. هەرچەندە بۆ ماوەیەکی کاتی وزەیەکی زۆرت پێدەدات، بەڵام بەپێی تێبەپڕبوونی کات سست و لاوازت دەکات، وە خوویەکی خۆراکیی لەو چەشنە لەناوت دەبات.

خووی خۆراکیی بەرنامەی مزگێنیدانەکان تووشی بەدخۆراکیی مزگێنیدانت دەکات. وەکو چۆن شەکر وات لێدەکات کە هەست بکەیت خۆراکت خواردووە لە کاتێکدا هیچت نەخواردووە، بە هەمان شێوە ئەم جۆرە بەرنامانە بە گشتی وامان لێدەکات کە هەست بکەین مزگێنیمان داوە، لە کاتێکدا مزگێنیمان نەداوە. بۆیە دەبێت ئاگاداری بەرنامەکان بین. دەبێت سوودیان لێ وەربگرین، بەڵام دەبێت هاوسەنگی بپارێزین، چونکە وەکو دەزانین خودا بەرنامەی بۆ نەناردین، بەڵکو کوڕەکەی بۆ ناردین.

کەواتە دەبێت چی بکەین؟ دەمانەوێت مزگێنی بە کۆمەڵگەکەمان بدرێت. ئارەزووی ئەوە دەخوازین کە هاوڕێکانمان شان بە شانی ئێمە مزگێنی بدەن. بەڵام هاوکات ڕێگری و سنوورەکان دەبینین، تەنانەت درک بە مەترسیی بەرنامەکان دەکەین. باشە هیچ جێگرەوەیەک هەیە؟

دەمەوێت باسی شتێکی تەواو جیاواز بکەم، شتێک کە هەم گشتییە و هەم کەسییە: کەلتور و فەرهەنگی مزگێنیدان.

کەلتور و فەرهەنگی مزگێنیدان چییە؟

چەندین ساڵی تەمەنم لە وڵاتانی جیاوازدا ژیاوم، ئەگەر لەو هەمووە تەنها یەک شت فێر بووبێتم، ئەو شتە ئەوەیە کە مەحاڵەتە تەنها لە ڕێگەی خوێندنەوەی کتێبەوە لە کەلتورێک تێبگەیت. هەمان شت بەسەر پێناسە و ڕێنمایی «کەلتوری مزگێنیدان»یشدا جێبەجێ دەبێت. هەموو پێناسەیەک کورت دەهێنێت بەبێ

ئەزموونێکـی ژیانـی ڕاسـتەقینە کـە مانـای پـێ دەبەخشـێت.

کەلتـور واتـە هەبوونـی بۆچـوون و زمانێکـی هاوبـەش، لەگـەڵ تێگەیشـتنی هاوبـەش سـەبارەت بـە چۆنیەتـی هەڵسـوکەوتکردن. کەلتـور زۆربـەی جـار نادیـارە، بـە تایبەتـی بـۆ ئـەو کەسـانەی کـە لەنێـو ئـەو کەلتـورەدا گـەورە بـوون. بـە هەمـان شـێوە، کەلتـوری مزگێنیـدان لـە کڵێسـا و کۆبوونەوەکانـدا خاوەنـی بیرۆکـەی هاوبـەش، زمانـی هاوبـەش و کاری هاوبەشـن بەپێـی کتێبـی پیـرۆز. ئـەم کەلتـورەش زۆربـە کات بـە لای ئـەو کەسـانەوە نادیـارە کـە لـە نێویـدان.

بـەڵام کاتێـک قسـە لەگـەڵ ڕابەرانـی کڵێسـاکان لـە سەرتاسـەری جیهانـدا دەکـەم، وە پێیـان دەڵێـم کـە پەرۆشـی «کەلتـوری مزگێنیـدان»م، پێویسـت نـاکات پێناسـەی بکـەم. بەجوانـی لێـم تێدەگـەن. ئـەوان تامـەزرۆی ئـەو کەلتـورەن. ئـارەزووی ئـەوە دەخـوازن کـە کڵێسـاکەیان ببێتـە کۆمەڵەیەکـی پـڕ لـە خۆشەویسـتی کـە مزگێنیـدان بکەنـە بەشـێکی بـەردەوام لـە ژیانیـان، نـەک ئـەوەی کـە ناوبەنـاو لـە بۆنـە و ڕێوڕەسـمی مزگێنیدانـدا بەشـداری بکـەن.

هـەر چەنـدە مەحاڵـە بتوانیـت باسـی هەمـوو ئـەو کارانـە بکەیـن کـە بـۆ کەلتـوری مزگێنیـدان پێویسـتمانە، بـەڵام دەتوانیـن وەسـفی ئـەو تامەزرۆییـە بکەیـن کـە بەرامبـەری هەسـتی پـێ دەکەیـن. کەواتـە بـا ئـەوەی کـە لـەم بەشـەدا ماوەتـەوە بـۆ باسـکردنی ئـەو تامەزرۆییانـە تەرخـان بکەیـن. ئەمانـەی خـوارەوە دە دانـە لـەو خولیـا و پەرۆشـییانەیە کـە بـۆ کەلتـوری مزگێنیـدان هەمـە:

١. کەلتورێـک کـە خۆشەویسـتیی بـۆ عیسـا و مزگێنییەکـەی سـەرچاوەی هاندانیەتـی

«خۆشەویسـتی مەسـیح دیلـی کردوویـن، چونکـە دڵنیایـن لـەوەی کـە یەکێـک لـە جیاتـی هەمـوو خەڵـک مـرد، بۆیـە هەمـوو خەڵـک مردن. ئـەو لەبـری هەمـووان مـرد تاکـو زینـدووان ئیـتر بـۆ خۆیـان نەژیـن، بەڵکـو بـۆ ئـەو کەسـەی لـە پێناویـان مـرد و هەسـتایەوە» (دووەم کۆرنسـۆس ٥: ١٤- ١٥).

زۆر جـار مزگێنیـدان وەکـو ئـەوە وایـە کـە بەردێکـی گـەورە لـە گردێکـەوە ببەیتـە سـەرەوە. بـەڵام کاتێـک لەگـەڵ ئـەو کەسـانەم کـە خۆشەویسـتیی بـۆ عیسـا سـەرچاوەی

هاندانیانـه بـۆ مزگێنیـدان، دیـد و ڕوانگەمـان لـە بەرامبـەر مزگێنیداندا دەگۆڕدرێـت. ئەوەی کـە خۆشەویسـتی وات لێبـکات بـە تەنهـا مزگێنـی بدەیـت، شـتێکی جوانـە، بـەڵام کاتێـک بـە کۆمـەڵ ئـەوە ڕوودەدات، ئـەوا شـتێکی زۆر خـۆش و مەزنـە. ئـەو کاتـە پێویسـت نـاکات خەڵکـی بێـزار بکەیـت و پێیـان بڵێـی کـە دەبێـت مزگێنـی بـدەن. ئـەو کاتـە، مزگێنیـدان دەبێتـە شـتێک کـە ئـارەزووی بـۆ دەخوازیـن. دەبێتـە بەشـێک لـە بیـر و هزرمـان.

لـەم دواییانـەدا لەگـەڵ چەنـد هاوڕێیەکـدا بـووم کـە دڵخـۆش بـوون بـە هەندێـک بـاوەڕداری نـوێ کـە لـە ڕووی ڕۆحییـەوە کـەم کـەم گەشـەیان دەکـرد. «برایـن» ڕووی کـردە «شـانێڵ» و گوتـی: «شـانێڵ، دەبێـت بـە تـۆی بسـپێرم. «دانـی» زۆر دڵـڕەق بـوو بەرامبـەر مزگێنیـی مەسـیح، بـە جۆریـک کـە زۆربـەی کەسـەکان وازیـان لـێ هێنـا، بـەڵام بـۆ بـە خۆشەویسـتییەکی مەزنـەوە قایلـت کـرد، کـە ئەمـەش هـەم بـۆ دانـی بـوو و هـەم بـۆ مەسـیح. تـۆ وازت نەهێنـا و بـەو شـێوەیە خـودا بەکاریهێنـای. بەڕاسـتی جێگـەی دڵخۆشـییە کـە چـۆن دانـی بەهـۆی ئینجیلـەوە گـۆڕاوە».

کاتێـک کـە گوێـم لـە برایـن دەگـرت کـە چـۆن شـانێڵ هـان دەدات، ئومێـدوار و دڵخـۆش بـووم بـەو خۆشەویسـتییەی کـە بـۆ عیسـا و مزگێنییەکـەی هەمـە، وە دیسـان بـۆم دەرکـەوت کـە چەنـدە حـەز دەکـەم دڵسـۆزانە مزگێنـی بدەمـە کەسـانی دیکـە. جیهـان و جەسـتە و شـەیتان هەمیشـە لـە دژمـان دەوەسـتنەوە و حـەز ناکـەن مزگێنـی بدەیـن. بـەڵام لـە کەلتـوری مزگێنیدانـدا، کـە دڵـەکان پـڕن لـە خۆشەویسـتی بـۆ مەسـیح و مزگێنییەکـەی، وەکـو ئـەوە وایـە کـە تەپۆڵکەکـە خـۆی خـوار کردووەتـەوە و ئێمـە خەریکیـن بـەدوای بەردەکـەدا ڕادەکەیـن.

٢. کەلتورێک کە متمانەی تەواوی بە مزگێنیی عیسا هەیە

«شـەرمم بـە پەیامـی ئینجیـل نییـە، لەبـەر ئـەوەی هێـزی خودایـە بـۆ ڕزگاربوونـی هەمـوو ئەوانـەی بـاوەڕ دەهێنـن» (ڕۆمـا ١: ١٦).

هـاوڕێ بەریتانییەکـەم بـۆ سـاتێک ڕامـا و گوتـی: «بەڕاسـتی بەلامـەوە جێگـەی پرسـیارە کـە چ کاتێـک متمانەیـان بـە مزگێنیـی مەسـیح لەدەسـت داوە؟»

منیش لێم پرسی: «مەبەستت چییە؟»

ئێمـە باسـی خزمەتەکانـی دەرەوەی کڵێسـای تەقلیدیـمان دەکـرد، کـە ڕۆژگارێـک

ناوەندێکی چالاکی مزگێنیدان بوو، بەڵام لەم دواییانەدا گەرموگوڕی و چالاکییەکی ئەوتۆی نەماوە؛ بەداخەوە مێژوو پڕە لەو جۆرە چیرۆکانە.

دەستی خستە ژێر چەناگەی و گوتی: «مەبەستم ئەوەیە کە لە چ حاڵەتێکدا متمانەیان بە فێڵ و ڕێگا دنیاییەکان کرد لە جێگەی پەیامی ڕوونی مزگێنیی مەسیح؟»

من تامەزرۆی کەلتورێکی مزگێنیدانم کە هەرگیز متمانەیان بە ئینجیل نەگۆڕنەوە بە متمانەکردن بە تەکنیکەکان، کەسایەتییە دیارەکان یان تەڵەی خۆشگوزەرانی و ڕابواردن. ئەوانەی کە لە دژی ئینجیلن، هەمیشە بە باوەڕداران دەڵێن کە جیهانی هاوچەرخ ئەو مزگێنییەی پووچەڵ کردووەتەوە. متمانە و باوەڕی شوێنکەوتووانی مەسیح بە هێزی مزگێنیی مەسیح ناهێڵن. ئەوان چەندین سەدە لەمەوپێش ئەو کارەیان کرد، لە جیهانێک کە چیتر لە هاوچەرخ ناچێت، وە ئەمڕۆش هەمان ئەو کارە دەکەن، وە بێگومان هەتا کاتی گەڕانەوەی مەسیح ئەوە بەردەوام دەبێت. جیهان وا لە باوەڕدارە لاوازەکان دەکات کە هەست بە شەرم بکەن. من تامەزرۆی کەلتورێکی مزگێنیدانم کە تێیدا یەکتر بنیاد بنێین و وەبیر یەکتر بهێنینەوە کە دەبێت کار و تەکنیکە دنیاییەکانی تایبەت بە مزگێنیدان وەلاوە بنێین، لە جێگەی ئەوە متمانەی تەواومان بە هێزی پەیامی ڕوونی مزگێنی هەبێت.

٣. کەلتورێک کە لە مەترسی خۆشگوزەرانی و ڕابواردن تێبگات

«ئەی کوڕی مرۆڤ، هاونیشتیمانیانت لەپاڵ دیوارەکان و لە بەردەرگای ماڵەکان لەبارەی تۆوە دەدوێن، هەریەکە لەگەڵ براکەی، بە یەکتر دەڵێن: "وەرن با گوێ لەو قسەیە بگرین کە لەلایەن یەزدانەوە هاتووە." هەروەک هەموو کات، گەلەکەم بۆ لات دێن، لەبەردەمت دادەنیشن و گوێ لە قسەکانت دەگرن، بەڵام کاری پێ ناکەن، چونکە تەنها بە دەم پەرۆشی خۆیان بۆ خودا دەردەبڕن، بەڵام بە دڵ بەدوای قازانجی نارەوایی خۆیان کەوتوون. لە ڕاستیدا تۆ بۆ ئەوان وەک کەسێکی دەنگ خۆشیت کە باش مۆسیقا دەژەنێت و گۆرانی خۆشەویستی دەڵێتەوە، جا گوێ لە قسەکانت دەگرن و کاری پێ ناکەن» (حزقیێل ٣٣: ٣٠- ٣٢).

خەڵکی لە تۆڕی کۆمەڵایەتی ئەو سەردەمە (سەر دیوار و درگاکان) باسی حزقیێلیان دەکرد کە پێغەمبەرێکی دێرینی جولەکەکان بوو، وە بە یەکتریان دەگوت: «بڕوانە،

با بڕۆین هەواڵی گەرمی ڕۆژ ببیستین؛ حزقیێل خەریکی وتاردانە!» ئەوان دەچوون گوێیان لێی دەگرت وەکو ئەوەی کە ئاخۆ گۆرانیبێژ یان مۆسیقاژەنێکی بەناوبانگە. ئەوان حزقیێلیان وەکو پێغەمبەرێک نەدەبینی کە باسی پەیامی ڕزگاریی بۆ دەکردن، بەڵکو وەکو کەسێک دەیانبینی کە بەهۆیەوە کاتێکی خۆش بەسەردەبەن. لەبەر ئەوەی زۆر حەزیان لە ڕابواردن و خۆشگوزەرانی بوو، تاکە شتێک کە بیریان لێ دەکردەوە سێکس و پارە بوو، نەک گوێڕایەڵبوون بۆ خودا.

هەست ناکەیت ئەوە لە کێشەی ئەم سەردەمەش دەچێت؟ بۆ ئەوەی کارێک بکەین خەڵکی بچن بۆ کڵێسا، دەبێت بابەتێکی سەرنجڕاکێش لە تویتەر دابنێین، وە کۆنسێرتێکی سەرنجڕاکێش ئامادە بکەین، یاخود وتاربێژێکی بەناوبانگ بهێنین کە بە ئاراستەی لێدانی دڵی خەڵک بجولێتەوە، بێگومان ئەگەر قسەی خۆش بکات، ئەوە ئیدی ئیمتیازێکی زیادی دیکەیە. کارێکی سەخت نییە. بەڵام ئاگادار بکە، خودا حزقیێلی ئاگادار کردەوە و ئێستاش ئێمە ئاگادار دەکاتەوە: لەوانەیە لە ڕێگەی شێوازێکی لەم چەشنە خەڵکێکی زۆر لە دەوری خۆت کۆ بکەیتەوە، بەڵام ناتوانیت کار لەسەر دڵیان بکەیت. کارکردن لەسەر دڵ، ئیشی ڕۆحی پیرۆزە.

لە کەلتوری مزگێنیداندا، خۆشگوزەرانی و ڕابواردن لەگەڵ خزمەتدا تێکەڵ ناکرێت، وە بە پێچەوانەوەش ڕاستە. ئێمە پێکەوە ڕاستیی سەرسوڕهێنەری خودا ڕادەگەیەنین. ڕزگارییە مەزنەکەی بە یەکتری دەڵێین، لەنێو نەتەوەکان شکۆمەندی ئەو ڕادەگەیەنین، وە لەنێو هەموو گەلان کارە سەرسوڕهێنەرەکانی (زەبوورەکان ٩٦: ٢- ٣). خۆزگە بەو کڵێسایە دەخوازم کە لە مەترسییەکانی ڕابواردن و خۆشگوزەرانی تێدەگات، وە بەو جۆرە کە هەیە بیبینێت: شێرێک کە لەبەردەم دەرگای مزگێنیداندا خۆی مات کردووە و ئامادەی هێرشبردنە. پێویستمان بە کەلتورێکی مزگێنیدانە کە هەرگیز ئامادە نەبێت قوربانی بۆ بتی خۆشگوزەرانی و ڕابوردن بکات، بەڵکو ئەو خزمەتە دەوڵەمەندە پەرە پێبدات کە لە ئینجیلی مەسیحدایە.

٤. کەلتورێک کە بەجوانی خەڵکی ببینێت

«بە چاوی دنیاییەوە سەیری کەس ناکەین» (دووەم کۆرنسۆس ٥: ١٦).

چەندە ئاسانە کە کەلتوری دنیایی جێبەجێ بکەین و مرۆڤەکان بەپێی ڕەگەز

و ڕەنگی پێست و خەسڵەت و تایبەتمەندییە ڕووکەشییەکانی دیکە ببینین. زۆر کات لەبیرمان دەچێت کە ئەو خەڵکەی لە دەوروبەرمانن گۆشت و خوێنن کە ئازاریان پێدەگات، خەونیان هەیە، کێشە و گرفتیان هەیە و خاوەنی هەست و سۆز و خۆشەویستین. پۆڵس باسی ئەوە دەکات کە چۆن دید و ڕوانگەمان بەرامبەر خەڵکی دیکە دەگۆڕدرێت کاتێک باوەڕ بە مەسیح دەهێنین. چیتر بە چاوی جەستەیی خۆمان تەماشایان ناکەین، بەڵکو بە چاوی خودا تەماشایان دەکەین.

کاتێک ماڵمان گواستەوە بۆ «لێکسینگتن کەنتەکی»، زۆرمان حەز دەکرد کە قسە لەگەڵ دراوسێکانماندا بکەین و بیانناسین. بەڵام یەکەم گفتوگۆی ڕۆحیمان لەگەڵ یەکێک لە دراوسێکانمان بە ناوی «تۆم» زۆر باش نەبوو. ڕۆژێکیان منی لە حەوشەکەماندا بینی و هات و سەرێکی لێدام. بە دەستێکی پەرداخێک شەربەتی هەڵگرتبوو و لە دەستەکەی دیکەشیدا جگەرە هەبوو. خەریکی گفتوگۆ بووین و باسی ئەوەی کرد کە حەوشەکەی ئەوان زۆر گەورەتر و جوانترە. ئینجا دەیڤد، کوڕە شەش ساڵانەکەم خۆی خستە نێو قسەکانی ئێمە و بە ڕوخسارێکی گرژ و دەست لە کەمەر، گوتی: «جگەرەکێشان مەترسیدارە، دەبێت تەرکی بکەیت. لەگەڵ عیسا قسە بکە، ئەو یارمەتیت دەدات تەرکی بکەیت».

من هیچ قسەیەکم بۆ نەگوترا و بە بزەیەکەوە بێدەنگ ڕاوەستام و لە دڵی خۆمەوە گوتم: «هەر ئەوەمان کەم بوو، ئەوە لە کوێوە هات؟ لەوانەیە ئێستا پێیان وابێت کە ئێمە کۆمەڵێک توندڕەوی ئایینین کە هیچ ئیشکیمان نییە جگە لە قسەکردن لەسەر دراوسێ خراپەکانمان». پوری دەیڤد، کە ناوی لیندایە و تازە باوەڕی هێنابوو، بڕیاری دابوو واز لە جگەرەکێشان بهێنێت، وە دەیڤد نوێژی بۆ کردبوو کە واز لە جگەرە بهێنێت.

تۆم جگەرەکەی فڕێدا و خۆی نزم کردەوە و بە پێکەنینەوە دەستی خستە سەر شانی دەیڤدی کوڕم. «دەزانی چییە دەیڤد؟ لەوانەیە تۆ ڕاست بکەیت. لەوانەیە تۆ ڕاست بکەیت».

چ وەڵامێکی جوان و مەردانە! ئەمە بووە هۆی ئەوەی کە بەسەر دید و ڕوانگەم بەرامبەر ئەودا بچمەوە. وە هەستم بەوە کرد کە دەبێت تۆبە بکەم و تۆم بەو جۆرە کە هەیە ببینم. قسەکانی دەیڤد جوان نەبوون، بەڵام لە بێدەنگی و ناچالاییەکەی من باشتر بوو. وە دواتر پەیوەندییەکی باشم لەگەڵیدا دروست کرد، کە گومانم هەیە

بەبێ گۆڕینی بۆچوونم بەرامبەری بکرابا ئەو پەیوەندییە دروست بێت.

کاتێک پۆڵس دەڵێت کە دەبێت بە چاوی مەسیحەوە تەماشای خەڵکی بکەین، مەبەستی ئەوەیە کە بە چاوی ئینجیل تەماشا بکەین. بەو شێوەیە خەڵکی بە بوونەوەرێکی جوان و بەهادار دەبینین کە لەسەر وێنەی خودا دروست کراون. هەریەک لە ئێمە نیشانەی خودای هەڵگرتووە. لەبەر ئەوەیە کە باوەڕداران پێیان وایە هەموو مرۆڤەکان خاوەنی شکۆ و بەها و نرخی تایبەت بە خۆیانن.

هاوکات درک بەوەش دەکەین کە هەموو کەسێک گوناهبارە و لە خودا جودا بووەتەوە. هەموو کەسێک وێنەی خودای شێواندووە و شێوەی نەشیاوی پێ بەخشیوە. وە هەر لەبەر ئەوەیە کە باوەڕداران ئاشقی مرۆڤەکانیش نین.

بەڵام لە کەلتوری مزگێنیداندا، ئێمە ئاگاداری ئەوەین کە خەڵکی دەتوانن ببن بە چی: بەدیهێنراوێکی نوێ بە یەکبوون لەگەڵ مەسیح، نوێبوەوە و چاکبووەوە بە هێزی خودا (دووەم کۆرنسۆس ٥: ١٧). من حەز دەکەم لەگەڵ ئەو باوەڕدارانەدا بم کە هەڵگری وێنەی خودان. حەز دەکەم لەگەڵ ئەو باوەڕدارانەدا هەڵسوکەوت بکەم کە دەزانن خەڵکی لە خودا جودا بوونەتەوە. لە هەمووی گرنگتر، تامەزرۆی کەلتورێکم کە لەبیری بێت خەڵکی بەهۆی مزگێنییەوە دەتوانن ببن بە چی.

٥. کەلتورێک کە هەمووما لە دەوری یەکتر کۆ دەکاتەوە

«سوپاسی خودا دەکەم، هەر کاتێک یادتان بکەم. هەمیشە لە هەموو پاڕانەوەکانم بە خۆشییەوە بۆ هەمووتان داوا دەکەم، چونکە لە یەکەم ڕۆژەوە هەتا ئێستا بەشداریتان لە خزمەتی ئینجیلدا کردووە» (فیلیپی ١: ٣- ٥).

پۆڵس نامەی بۆ کڵێسای فیلیپی نووسیوە و باسی ئەوە دەکات کە چەندە سوپاسگوزارە بەهۆی ئەوەی لەگەڵ ئەوان بەشداری لە خزمەتی ئینجیلدا کردووە. ئەمە وێنەی کەلتوری مزگێنیدانە. هەموویان لە دەوری یەک کۆبوونەتەوە و مزگێنی دەدەن. هەمووان بەشدارن.

کاتێک ڕاهێنانم بە تیمی تۆپی پێی کوڕە پێنج ساڵانەکەم دەکرد، لە دەوری یەکتر کۆ دەبووینەوە (بەڕاستی شیرین بوون)، ئینجا دەمپرسی: «کوڕینە، کاتێک تیمەکەی دیکە تۆپەکەیان پێیە، کامەتان بەرگری دەکەن؟» ئەوانیش بە دەنگی بەرز هاواریان

دەکرد و دەیانگوت: «هەموومان!» ئینجا دەمپرسی: «ئەی باشە، کاتێک تۆپ لای ئێمەیە، کامەتان هێرش دەبات؟» ئەوانیش بە هەمان شێوە دەیانگوت: «هەموومان!» بێگومان کاتێک دەهاتە سەر یارییە ڕاستەقینەکە، جێبەجێکردنی ئەو بابەتە لەگەڵ منداڵانی پێنج ساڵانەدا هەندێک سەختە.

مزگێنیدانیش وەکو ئەوەیە. بەڵام ئامانجی هەردووکیان یەک شتە: هەمووان بە یەک ئاراستە هەنگاو بنێن.

لە کەلتوری مزگێنیداندا، دەزانین کە دەبێت هەموو کەسێک بەشداری بکات. ئایا هەتا ئێستا گوێت لێ بووە کەسێک بڵێت من لە مزگێنیداندا بەهرەم نییە، وەکو ئەوەی کە بەهۆی ئەوەوە ئیدی پێویست نەکات مزگێنی بدات؟ ئەوە شێوازی بیرکردنەوەی منداڵی باخچەی ساوایانە. هەموو باوەڕداران داوایان لێکراوە بەپێی دڵسۆزی مزگێنی بدەن، نەک بەپێی بەهرە و توانا (مەتا ٢٨: ١٩).

من حەز دەکەم لە چوارچێوەی کڵێسایەکدا مزگێنی بدەم کە لەوە تێبگات خەریکی چیم و لەگەڵم بێت و هاوکاریم بکات. لە کەلتورێکی لەو چەشنەدا، کاتێک هاوڕێیەک دەبەمە کڵێسا، خەڵکی دیکە پێیان وا نییە کە ئەو کەسە باوەڕدارە. تووشی شۆک نابن، ئەگەر بڵێم: «ئەم هاوڕێیەم ناوی «بۆب»ە، وە سەرقاڵی لێکۆڵینەوە و توێژینەوەیە لەسەر مەسیحییەت و هێشتا باوەڕی نەهێناوە. ئەوان نەک تەنها سەرسام نابن، بەڵکو بەم جۆرە وەڵام دەدەنەوە: «زۆر خۆشحاڵم کە لێرە دەتبینم. منیش دوو ساڵ لەمەوپێش وەکو تۆ وابووم، زۆر حەز دەکەم بیروبۆچوونت بزانم. پێم بڵێ، هەتا ئێستا چۆن لە بابەتەکە دەڕوانیت؟»

تامەزرۆی کڵێسایەکم کە هەمووان دەست لەناو دەست بەرەو ئامانجی شایەتیدان بۆ مەسیح کار دەکەین.

٦. کەلتورێک کە تێیدا خەڵکی یەکتری فێر دەکەن

«مەسیح وەک پەروەردگار لە دڵتاندا تەرخان بکەن، هەردەم ئامادەبن بۆ وەڵامدانەوەی پرسیاری هەر یەکێک سەبارەت بەم هیوایەی لە ئێوەدایە، بەڵام بە دڵنەرمی و ڕێزەوە» (یەکەم پەترۆس ٣: ١٥).

«بەدوای ئەو فێرکردنە دروستە بکەوە کە لە منت بیستووە، بیکە سەرمەشقی ژیانت، لەگەڵ ئەو باوەڕ و خۆشەویستییەی کە لە یەکبوون لەگەڵ عیسای مەسیحدا هەیە» (دووەم تیمۆساوس ١: ١٣).

پەترۆس ڕێنماییمان دەکات کە ئامادە بین وەڵامی پرسیاری هەر کەسێک بدەینەوە سەبارەت بەو ئومێدەی کە لە دەروونماندایە. بۆ ئەوەی بتوانین ئەو کارە بکەین پێویستمان بە ڕاهێنانی پێویست هەیە، کە دواتر دەبێت ئەو ڕاهێنانە بە کردار ئەنجام بدەین. لەبەر ئەوەیە کە پۆڵس وەبیر تیمۆساوس دەهێنێتەوە ئەو شتانە جێبەجێ بکات کە ئەو فێری کردووە.

من ئامادەم وتاربێژە بەناوبانگەکان، مۆسیقا پڕ لە ڕووناکییەکان و شانۆ قەرەباڵغەکان بگۆڕمەوە بە کەلتورێکی مزگێنیدان کە تێیدا خەڵکی ڕابهێنرێن بۆ ئەوەی بتوانن ڕابەرایەتی خوێندنی کتێبی پیرۆز بکەن لەگەڵ کەسانی بێ باوەڕدا؛ بە جۆرێک کە ئینجیلی مەرقۆس بخوێنن، ئاماژە بە پەیامی مزگێنیی سیپارەکە بکەن، وە هانی ئەو کەسە بدەن بەپێی ئەو ڕاستییەی کە لە کتێبی پیرۆزدا خوێندوویەتی و فێری بووە، باوەڕ بە مەسیح بهێنێت.

لە کەلتوری مزگێنیداندا، ئەندامەکان یەکتری فێری ئەو شتانە دەکەن کە لە بەشەکانی دیکەدا باسمان کردن: مزگێنیدان چییە، مزگێنیی مەسیح چییە، وە گۆڕینی ڕاستەقینە بەپێی کتێبی پیرۆز چییە. وە یەکتری فێری چۆنیەتی مزگێنیدان دەکەین. ئینجا دیسان هەموو ئەوانە دەکەینەوە، چونکە دەزانین بەردەوام دەبێت بیووژێنینەوە. لە کەلتوری مزگێنیداندا، خەڵکی بە وریارییەوە یەکتری فێر دەکەن کە چۆن باوەڕەکەیان بەپێی کتێبی پیرۆز بڵاو بکەنەوە.

٧. کەلتورێک کە مزگێنیدان دەکاتە نموونە و مۆدێل

«ئەوەی لەبەردەم چەندین شایەتدا لە منت بیستووە، بە خەڵکی دڵسۆزی بسپێرە کە لێهاتوو بن بۆ ئەوەی خەڵکی دیکەش فێربکەن» (دووەم تیمۆساوس ٢: ٢).

ئەگەر بە دروستی لێی تێبگەین و بتوانین مامەڵەی لەگەڵ بکەین، یەکێک لە شتە جوانەکانی کەلتوری مزگێنیدان ئەوەیە کە زۆربەی کات باوەڕدارە نوێیەکان لە باوەڕدارە پێگەیشتوو و کۆنەکان گەرموگوڕ و چالاکترن. بەڵام دەبێت بزانین کە

باوەڕدارانـی پێگەیشـتوو خاوەنـی بەرچاوڕوونـی و داناییگەلێکـن کـە باوەڕدارانـی نـوێ پێویسـتیان پێیەتـی.

ئێسـتا کـە مـن سـەرقاڵی نووسـینی ئەم کتێبـەم، «لیـان»ی هاوسـەرم لەسـەر قەنەفەکەی بەرامبـەرم دانیشـتووە و سـەرقاڵی خۆئامادەکردنـە بـۆ کۆبوونەوەکـە دوانیـوەڕۆی لەگـەڵ «ڕائـوس و سـامانتی». لیـان لەگەڵ ئـەو دوو خاتوونەدا بـە وردی پەڕتووکـی «ڕوونکردنەوەی بـاوەڕی مەسـیحییەت»[a] دەخوێنـن. ڕائـوس باوەڕدارێکـی نوێیـە؛ زۆر دڵخۆشـە بـە بـاوەڕە نوێکـەی و مزگێنیدانـی پەیامی مەسـیح. ڕائوس و سـامانتی پێکەوە کار دەکـەن و زۆر لایەنی هاوبەشـیان هەیـە، چونکـە هەردووکیـان لـە وڵاتـی سریلانـکا و لـە یـەک شـارەوە هاتـوون. باوکـی سـامانتی بوودایـە و دایکـی کاتۆلیکـە، وە هاوسەرەکەشـی موسـڵمانە. ئەمـە شـتێکی بـاو و ئاسـاییە لـە دوبـەی، ئیمـاڕات. کاتێـک ڕائـوس مزگێنـی داوەتـە سـامانتی، ئەویـش پێـی گوتـووە کـە دەیەوێـت زیاتـر لەبـارەی مەسـیحییەتەوە بزانێـت. ڕائـوس بـە جوانی ئـاگاداری ئـەو ڕاسـتییەیە کـە عیسـا ژیانـی ئـەوی لـە چنگـی گونـاە کڕیوەتـەوە، بـەڵام کـە دێتـە سـەر باسـی ڕوونکردنـەوەی باوەڕەکـەی، بێگومـان پێویسـتی بـە هەندێـک یارمەتـی دەبێـت، بـە تایبەتـی لـە حاڵەتێکـی تایبەتـی وەکـو سـامانتیدا. بۆیـە ڕائـوس کارێکـی دروسـتی کـردووە کـە سـامانتی هێنـاوە بـۆ لای لیـان.

لیـان لـە لایەکـی دیکـەوە، مزگێنیدەرێکـە بـە زانیـاری و بەرچاوڕوونییەکـی زۆر و دەوڵەمەنـدەوە، بـەڵام زۆربـەی هاوڕێکانـی بـاوەڕداری پێگەیشـتوو و بـە تەمەنـن. لیـان دڵخـۆش و شـاد بـوو کـە دەتوانێـت لەگـەڵ کەسێکی وەکـو سـامانتی قسـە دەکات. وە سـامانتی پێویسـتی بـە عیسـا بـوو!

ئـەو سـێ کەسـە نموونەیەکـی زۆر جوانـە دەربـارەی ئـەوەی کـە لـە کەلتـوری مزگێنیدانـدا چـی ڕوودەدات. لیـان ڕابەرایەتـی ڕوونکردنـەوەی دەقەکـە دەکات. ڕائـوس بەهـۆی بەشـداربوونی لـەو خولـە و پـەرەدان بـە هاوڕێیەتییەکـەی لەگـەڵ سـامانتی، فێـری ئـەوە دەبێـت کـە چـۆن مزگێنـی بـدات و باوەڕەکـەی بڵاو بکاتـەوە. وە پشـتوان بە مەسـیح، سـامانتی گـوێ لـە پەیامـی مەسـیح دەگرێـت و بـاوەڕ بـە پەیامـە مەزنەکـەی دەهێنێـت. لـە کەلتـوری مزگێنیدانـدا، خەڵکـی مزگێنیـدان دەکەنـە نموونـە و مۆدێـل بـۆ یەکتـر.

---

a Christianity Explained, Share the Christian message one to one from the Gospel of Mark, Michael Bennett, 1st edition, 2004

٨. کەلتورێک کە ڕێز لەو کەسانە دەگرێت کە باوەڕەکەیان بڵاو دەکەنەوە

«هیوادارم بە یارمەتی عیسای خاوەن شکۆ بتوانم زوو تیمۆساوس بنێرم بۆ لاتان، تاکو بە زانینی هەواڵتان منیش دڵخۆش بم، چونکە کەسم نییە وەک ئەو بە دڵسۆزی بایەخ بە کاروبارتان بدات، لەبەر ئەوەی هەموویان بەدوای بەرژەوەندی خۆیاندا دەگەڕێن، نەک هی عیسای مەسیح. بەڵام ئێوە ئاگاداری شارەزایی تیمۆساوسن، چونکە هەروەک چۆن منداڵ لەگەڵ باوکیدا خزمەت دەکات، ئەویش بە هەمان شێوە لەگەڵ من خزمەتی لە مزگێنیدان کردووە» (فیلیپی ٢: ١٩- ٢٢).

زۆرم بەلاوە خۆشە کە دەبینم پۆڵس بەم شێوەیە ڕێز لە کار و خزمەتی مزگێنیدانی تیمۆساوس دەگرێت. بە هەمان شێوە، چۆن کە قەشەی کڵێسایەکی دیکەیە لەم شارەی ئێمەدا، بەردەوام کۆبوونەوەیەکی تایبەت ڕێکدەخات و داوا لەو کەسانە دەکات کە چیرۆکی مزگێنیدانەکانی خۆیان بگێڕنەوە. پاشان، داوا لە کەسێک دەکەن کە نوێژ و نزایان بۆ بکەن.

ئەم جۆرە ڕێزگرتنە لە هەوڵ و ماندووبوونەکانی مزگێنیدان سادەیە و کاتێکی زۆری ناوێت، بەڵام کاریگەری و گرنگییەکی زۆری هەیە لە بنیادنانی کەلتوری مزگێنیداندا. بەڕاستی مایەی بێهیواییە کە دەبینیت کڵێسایەک زیاتر لە مزگێنیدان، بایەخ بە باخچەی ساوایان دەدات.

تامەزۆری ئەوەم کە لە کڵێسایەکدا بم کە مزگێنیدەران وەکو پاڵەوان ناوزەد دەکرێن. تەنانەت ئەگەر مزگێنیدان نەبێتە هۆی گۆڕینی باوەڕی کەسانی دیکە، ئەوا هێشتا مزگێنیدانێکی شکستخواردوو باشترە لە مزگێنی نەدان.

٩. کەلتورێک کە دەزانێت چۆن ژیانی نوێ پشتڕاست بکاتەوە و بەرزی بنرخێنێت

«کاتێک نوێژتان بۆ دەکەین هەردەم سوپاسی خودا، باوکی عیسای مەسیحی خاوەن شکۆمان دەکەین، چونکە هەواڵی باوەڕی ئێوەمان بە عیسای مەسیح پێگەیشت لەگەڵ ئەو خۆشەویستییەی بۆ هەموو گەلی پیرۆزی خودا هەتانە. وەک لە ئەپەفراسی هاوکاری خۆشەویستمان فێربوون، کە لە پێناوتاندا خزمەتکارێکی دڵسۆزە بۆ مەسیح» (کۆلۆسی ١: ٣- ٤، ٧).

پۆڵس دەیزانی کە چۆن باوەڕدارە نوێیەکان پشتڕاست بکاتەوە. دڵخۆشی خۆی

بەهـۆی باوەڕهێنانیـان دەردەخسـت، بـەڵام سـەرنجی خـۆی و ئەوانیشـی لەسـەر مەسـیح ڕاگرتبـوو. بـە شـێوەیەکی نەشیاو بـەرزی نەکردنـەوە، بـەڵام پشتگوێشـی نەخسـتن. کەلتوری مزگێنیـدان بـە شـێوەیەکی دروسـت ژیانـی نـوێ پشڕاسـت دەکاتـەوە و دڵخۆشـی خـۆی دەردەبڕێـت.

«ڕۆب» دوای زنجیرەیـەک لـە کۆبوونـەوەی بەقوتاییبـوون لەگـەڵ مـارک دیڤـەر، بڕیـاری دا کـە واز لـە بێبـاوەڕی بهێنێـت و مارکـی لـەوە ئـاگادار کـردەوە کـە بووەتـە بـاوەڕداری مەسـیح. مـارک لێـی پرسـی: «ڕۆب، مەبەسـتت چییـە؟» ڕۆبیـش ئینجیلـی ڕوون کـردەوە و باسـی ئـەوەی کـرد کـە چـۆن تۆبـەی کـردووە و وازی لـە ژیانـە کۆنەکـەی هێنـاوە و بـە تـەواوی متمانـەوە بـاوەڕی بـە عیسـا هێنـاوە.

ئینجـا مـارک گوتـی: «براکـەم، بەپێـی قسـەکانی خـۆت، مـن هـاوڕام کـە تـۆ بـاوەڕت هێنـاوە. ئێسـتاش بـا نوێـژ بکەیـن». دوای نوێـژ و نزاکـردن، مـارک گوتـی: «تـۆ لـەوە تێدەگەیـت کـە نیشـانەی گۆڕینـی ڕاسـتەقینە نوێـژ و نـزا نییـە، بەڵکـو پەیوەندییەکـی دورودرێـژە لەگـەڵ عیسـای مەسـیح. بۆیـە هەرچەنـدە بـاوەڕم وایـە کـە تـۆ هاتوویـی بـۆ لای مەسـیح، بـەڵام بەپێـی تێپەڕبوونـی کات دەزانیـن چـۆن دەبێـت».

وەڵامەکـەی مـارک نموونـەی ئـەو شـتەیە کـە مـن پێـی دەڵێـم «هەڵێلویـا!» وە ئـەوەی کـە گوتـی «بەپێـی تێپەڕبوونـی کات دەزانیـن...» زۆر جوانـە. ئێمـە دەڵێیـن هەڵێلویـا چونکـە گۆڕینـی ڕاسـتەقینە باشـترین شـتە کـە دەکرێـت بەسـەر کەسـێکدا بێـت. ئێمـە دەڵێـن «بـا بزانیـن بەپێـی تێپەڕبوونـی کات چـۆن دەبێـت» چونکـە دەزانیـن گۆڕیـن دەکرێـت ڕووکـەش بێـت، تەنانـەت ئەگـەر بـە مەبەستیشـەوە نەبێـت. باشـترین پشـکنین، سـێ ڕەهەنـدی هەیـە: تێگەیشـتنێکی بـاش لـە مزگێنیـی مەسـیح، ژیانێکـی گـۆڕاو، وە پەیوەندییەکـی قـووڵ و دورودرێـژ لەگـەڵ مەسـیح.

مـارک گۆڕینەکـەی ڕۆبـی بـە نهێنـی نەهێشـتەوە، بـەڵام وەکـو ئەسـتێرەیەکی ناوداریـش بـەرزی نەکـردەوە. لـە کاتـی لەئاوهەڵکێشـانیدا، بـە جوانـی باسـی ئـەوەی کـرد کـە چـۆن بـاوەڕی هێنـاوە. بـەڵام ناخۆشـی و تاقیکردنـەوەی لـە ڕێـگا بـوو، وە چۆنیتـی زاڵبوونمـان بەسـەریاندا زۆر گرنگـترە لـە هـەر چیرۆکێکـی چۆنیەتـی باوەڕهێنـان.

لـە هـەر کەلتورێکـی مزگێنیدانـدا، بـاوەڕداران دەزانـن چـۆن لەگـەڵ ئـەو کەسـانەدا بجووڵێنـەوە کـە تـازە باوەڕیـان هێنـاوە.

١٠. کەلتورێک کە خزمەت دەکەن لە کاتێکدا دەزانن مەترسیدارە

«خوشکان، برایان، ئێستا دەمەوێ بزانن ئەوەی بەسەرم هات پەیامی ئینجیلی زیاتر بەرەو پێش برد، تەنانەت هەموو پاسەوانانی کۆشکی ئیمپراتۆر و هەموو لایەک بۆیان دەرکەوت کە من لە پێناوی مەسیحدا کۆت و بەند کراوم» (فیلیپی ١: ١٢- ١٣).

کار و خزمەتەکەی پۆڵس بە ڕادەیەک مەترسیدار بوو کە بە هۆیەوە خرایە زیندان. هەروەها من لە شوێنێکدا دەژیم کە کەسانێک دەناسم بەهۆی ئەوەی وەکو باوەڕدارێکی دڵسۆزی مەسیح دەژین، خراونەتە زیندانەوە.

وەک چۆن لە (دووەم کۆرنسۆس ١٠: ٥) دەبینین، پۆڵس ژیانی باوەڕدارانی وەکو جەنگێک دژی ئەو بیروبۆچوونانە دەبینێت کە دژی خودان: «هەموو بەڵگەیەک و هەر شتێک کە بۆ بەرهەڵستی زانیاری خودا دەربکەوێت لەناوی دەبەین، هەموو بیرێکیش بۆ گوێڕایەڵی مەسیح بە دیل دەگرین». ئەمە شتێکی مەترسیدارە؛ جیهان نایەوێت کە بیروبۆچوونیان ڕووبەڕووی ئاڵنگار بکرێتەوە. ئایا ئامادەین مزگێنییەکی مەترسیداری لەم شێوەیە بدەین؟ من تامەزرۆی کەلتورێکی مزگێنیدانم کە لەو لایەنەوە مەترسیدارە کە ڕووبەڕووی کەلتور دەبێتەوە. ئەمەش زۆرتر واتای ئەوە دەگەیەنێت کە بەلامانەوە گرنگ نییە خەڵکی چۆن بیرمان لێ دەکاتەوە.

کڵێسای دەروازەی ئومێد لە شاری پۆرتلەند لە ویلایەتی ئۆریگنی ئەمریکا، هەوڵی تەواوی داوە کە مزگێنی بداتە ڕەهاخوازەکان. تەنانەت بڕیاریان داوە کە کۆبوونەوەی ئێوارانی یەکشەممە ببەنە پارکێکی نزیکی خۆیان. خزمەتێکی ئاسایی بوو، بەڵام لە هەوای ئازادا ئەنجام درا. ڕووبەڕووی گاڵتەجاڕی و ڕق بوونەوە، تەنانەت ژنێک بەشی سەرەوەی خۆی ڕووت کردەوە بۆ ئەوەی ئاژاوە و پشێوی بنێتەوە. بەڵام زۆر کەس کە درکیان بە خۆشەویستی و میهرەبانی کڵێساکە کرد، چوونە پاڵ ئەوان.

کەسانی دیکە مەترسی دیکە دەگرنە بەر. «جۆنا»ی هاوڕێم گوتی: «من نازانم چۆن کتێبی پیرۆز بخوێنم ئەگەر لانی کەم یەک دوو هاوڕێی موسڵمانمان لەگەڵ نەبێت». ئێمەش دەبێت هەموومان بیر بکەینەوە ئاخۆ چۆن دەتوانین لە ئاستی خۆمانەوە هەندێک کاری مەترسیدار ئەنجام بدەین. شتێکی پێکەنیناوی ڕوودەدات کاتێک کارێکی مەترسیدار ئەنجام دەدەین: ئێمە لە قەڵەمڕەوی ڕۆحیدا دەبینە مەترسیدار بۆ ئەوانەی کە لە دژی خودان.

پۆڵس لە نامەی فیلیپۆسدا دەڵێت کە مزگێنی داوەتە پاسەوانانی کۆشکی ئیمپراتۆر (فیلیپی ١: ١٣). وە کاتێک لە کۆتایی سیپارەکەدا، سڵاو دەگەیەنێت، دەڵێت: «هەموو گەلی خودا کە لێرەن سڵاوتان لێدەکەن، بە تایبەتی ئەوانەی لە خانەوادەی قەیسەرن» (فیلیپی ٤: ٢٢). ڕوونە کە هەندێک لەو پاسەوانانە باوەڕیان هێناوە.

پۆڵس خۆی خستە مەترسییەوە، وە ئەو ژیانە مەترسیدارە بووە هۆی ئەوەی کە بخرێتە زیندانەوە. بەڵام هەمیشە حەزم لەو بۆچوونەیە کە پۆڵس لە زیندانی پاسەواناندا نەبووە، بەڵکو ئەو پاسەوانانە لە زیندانی پۆڵسدا بوون.

من تامەزرۆی کڵێسایەکم کە بێباوەڕان ببینن بێباوەڕانی دیکە باوەڕ بە مەسیح دەهێنن، کە ئەمەش دەریدەخات ئێمە بەشێکین لەو کەلتورە مزگێنیدانەی کە حەز دەکەین کاری مەترسیدار ئەنجام بدەین.

١١. کەلتورێک کە لەوە تێدەگات کڵێسا هەڵبژێردراوە و باشترین ڕێگەی مزگێنیدانە

«ڕۆژانە بە یەک دڵ بەردەوام لە حەوشەکانی پەرستگا دەبوون، لە ماڵەکاندا نانیان لەتدەکرد، بە خۆشی و دڵپاکییەوە پێکەوە نانیان دەخوارد، ستایشی خودایان دەکرد و لەلای هەموو خەڵک پەسەند بوون. مەسیحی خاوەن شکۆش ڕۆژانە ئەوانەی دەهێنایە پاڵیان کە ڕزگاریان دەبوو» (کرداری نێردراوان ٢: ٤٦- ٤٧).

دەزانم کە باسی دە شتم کردووە، بەڵام یەک دانەی دیکەش ماوە؛ دانەیەک کە هەر دە خاڵەکەی دیکە دەگرێتەوە: من تامەزرۆی کڵێسایەکم کە لەوە تێدەگات ئەوە کڵێسای خۆجێییە کە هەڵبژێردراوە و باشترین ڕێگەی مزگێنیدانە. تامەزرۆی کڵێسایەکم کە ئەندامەکانی هێندە عیسایان خۆشدەوێت کە کاتێک بە شێوەیەکی ئاسایی خواپەرستی دەکەن، دەبنە وێنەی مزگێنیی مەسیح. تامەزرۆی کڵێسایەکم کە خۆی بە خۆشەویستییەوە گرێ دەدات نەک خۆشگوزەرانی، وە بە کردار باوەڕ و متمانەی خۆی بە هێز و توانای ئینجیل نیشان دەدات. تامەزرۆی کڵێسایەکم کە ڕێزێکی زۆر لەو کەسانە دەگرێت کە مزگێنی دەدەن، وە پاڵەوانەکانی ئەو کەسانەن کە ناوبانگیان بە مەبەستی مزگێنیدان دەخەنە مەترسییەوە.

تامەزرۆی کەلتورێکی مزگێنیدانم کە هەموو خوشک و برایان لەگەڵ مندا سەرقاڵی جەنگی ڕۆحی بن؛ کەلتورێک کە واتای مزگێنیدانم پێ دەگوترێت و منیش بە کەسانی

دیکە دەڵێم؛ کڵێسایەک کە ڕابەرەکانی ڕابەرایەتی کەسانی دیکە بەرەو مەسیح بکەن. کڵێسایەکم دەوێت کە بتوانیت ئاماژە بەو کەسانەی بکەیت کە ژیانیان گۆڕدراوە، کڵێسایەک کە خەڵکی هەستنەوە و بڵێن: «کاتێک دوو ساڵ لەمەوپێش هاتمە ئەم کڵێسایە، خودام نەدەناسی، بەڵام ئێستا زۆر بە باشی دەیناسم!» ئارەزووی ئەوەیە کە ببمە بەشێک لە کەلتورێکی مزگێنیدانی لەو چەشنە. دڵنیام تۆش شتی وات دەوێت.

پێشتر باسی ئەوەم کرد کە بە ڕای من بەرنامە و پرۆگرام باشترین یان بگرە سەرەکیترین ڕێگەی مزگێنیدان نییە. بە ڕای من زۆرترین مزگێنی لەنێو ئەو کڵێسا تەندروستەدا دەدرێت کە خاوەنی کەلتورێکی مزگێنیدانە. ئەمە لەوە زیاتر لەخۆ دەگرێت کە لێرەدا کۆتایی پێ بهێنین؛ ئەرکی کڵێسا و ڕێگای مزگێنیدان دەبنە باس و خواسی بەشەکانی داهاتوو.

بەشی سێیەم

پەیوەستکردنی کڵێسا لەگەڵ کەلتور و فەرهەنگی مزگێنیداندا

وەک پێشتر ئاماژەم پێکرد، ئەگەر تۆ بەشێکیت لە کڵێسایەکی تەندروست کە خاوەنی کەلتورێکی مزگێنیدانە، ئەوا تۆ بەشێکیت لە مەزنترین ڕێگای مزگێنیدان. چۆن ئەم بنەمایە لە کڵێسادا کار دەکات؟

کێشە کردەییەکانی ئەم بیرۆکەیە وەلاوە بنێ؛ ئێمە باسی چەمکێکی زۆر قووڵی ڕۆحی و ئینجیلی دەکەین. عیسا فەرمووی: «بەمە هەموو خەڵک دەزانن کە قوتابی منن، ئەگەر خۆشەویستیتان بۆ یەکتری هەبێت» (یۆحەنا ١٣: ٣٥). دوای ماوەیەک، لە هەمان کاتدا و لەگەڵ قوتابییەکانی نوێژی کرد کە تەبا و یەکگرتوو بن: «تاکو جیهان باوەڕ بهێنێت کە تۆ منت ناردووە» (یۆحەنا ١٧: ٢٠- ٢١). عیسا دەفەرموێت ئەو خۆشەویستییەی کە لە کڵێسادا بەرامبەر یەکتر هەمانە، دەیسەلمێنێت کە ئێمە بەڕاستی گۆڕاوین و باوەڕمان هێناوە. وە کاتێک لە کڵێسا یەک دەگرین، نیشانی جیهانی دەدەین کە عیسا کوڕی خودایە. خۆشەویستیی قوتابیبوونمان دووپات دەکاتەوە. یەکبوون خودابوونی مەسیح دووپات دەکاتەوە. بەڕاستی شایەتییەکی بەهێزە!

چەندین دەقی کتێبی پیرۆز هەن کە ڕێنماییمان دەکەن و شکڵ و شێوە دەدەنە هەوڵ و تێکۆشانەکانەکانی تایبەت بە مزگێنیدان، بەڵام ئەم ئایەتانە وەکو بەردی بناغە وان چونکە نیشانمان دەدەن کە کڵێسا دەبێت کەلتوری مزگێنیدان بێت. دەبێت ئەم دەقانە بۆ پەروەردەکردنی منداڵەکانمان بەکاربهێنین!

پرسیار: چ کارێک پشتڕاستی دەکاتەوە کە ئێمە بەڕاستی گۆڕاوین و باوەڕمان هێناوە؟

وەڵام: خۆشویستنی باوەڕدارانی دیکە.

پرسیار: چۆن نیشانی دەدەین کە عیسا کوڕی خودایە؟

وەڵام: بە یەکبوون لەگەڵ باوەڕدارانی دیکە.

کڵێسای خۆجێیی دەرخەری مزگێنیی مەسیحە

ئەگەر مزگێنی لە خۆشویستنی یەکتردا ببینینەوە، ئەوا دەبێت لە کڵێسایەکدا ڕووبدات کە بە خۆشەویستییەوە پەیمانیان داوە کۆمەڵێک باوەڕداری گەرموگوڕ بن. ئەم خۆشەویستییە شتێکی مەجازی نییە، بەڵکو خۆشویستنێکی ڕاستەقینەیە. چەندین جار لە بێباوەڕەکانمان بیستووە کە کڵێسا شوێنێکی سەیر و سەمەرەیە، بەڵام ئەوەی کە وای لێکردوون بەشداری لە کۆبوونەوەکانیاندا بکەن ئەو خۆشەویستییە بووە کە لە نێوان باوەڕداراندایە.

بەڵام مزگێنی تەنها لە ڕێگەی خۆشەویستیی ئێمەوە نیشان نادرێت. ئایا هەتا ئێستا بیرت لەوە کردووەتەوە کە خودا چەندە ڕێنمایی ئینجیلی بە کڵێساوە بەستووەتەوە کە ئەگەر بە دروستی جێبەجێ بکرێن، چەندە بە باشی دەبێتە هۆی مزگێنیدان؟

بۆ بەدەستهێنانی کەلتورێکی مزگێنیدانی تەندروست، دووبارە کڵێسا ڕێک ناخەینەوە بۆ ئەوەی لەگەڵ مزگێنیداندا بگونجێت، بەڵکو ڕێگە بەو شتانە دەدەین کە پێشوەخت خودا لەنێو کڵێسادا دەستەبەری کردوون، مزگێنی بدەن و پەیامی مەسیح ڕابگەیەنن. خودا مزگێنیی لەبیر نەکردووە کاتێک کە کڵێسای بنیاد ناوە.

بۆ نموونە، لەئاوهەڵکێشان وێنای مردن و ناشتن و هەستانەوەی مەسیح دەکات. نیشانی دەدات کە چۆن مردنەکەی مردنی ئێمەیە و ژیانەکەی ژیانی ئێمەیە. شێوی پەروەردگار مردنی مەسیح ڕادەگەیەنێت هەتا ئەو کاتەی دەگەڕێتەوە و هانمان دەدات کە تۆبە بکەین و تامی لێخۆشبوون بکەین. کاتێک نوێژ و نزا دەکەین، ڕاستیی خودا ڕادەگەیەنین. ئەو کارە مەزنانەی کە خودا لە ڕێگەی مزگێنیی مەسیحەوە بۆی ئەنجام داوین بە شێوەی سرود و گۆرانی دەڵێینەوە. هاوکاری مادی پێشکەش کڵێسا دەکەین بۆ ئەوەی پەیامی ئینجیل پەرە پێ بدەین و بڵاوی بکەینەوە. ڕاگەیاندنی وشەی خودا مزگێنیی مەسیح دەگەیەنێت بە هەموو شوێنێک.

لەڕاستیدا ڕاگەیاندنی وشەی خودا ئەو شتەیە کە کڵێسای پێکهێناوە. کاتێک کە کڵێساکە پێکهات، کڵێسا ئەرکی بەقوتابیکردنی لەسەر شان دەبێت، کە دواتر ئەو قوتابییانە دەنێردرێن بۆ ئەوەی بڕۆن و کڵێسای دیکە دروست بکەن. ئەم بازنەیە بەو جۆرە بەردەوام بووە لەو کاتەوەی کە عیسا بەرز کراوتەوە بۆ ئاسمان و بەردەوامیش دەبێت هەتا ئەو کاتەی کە دەگەڕێتەوە سەر زەوی.

کڵێسایەکی ڕاستەقینە

لەم دواییانەدا لە کڵێسایەکی باپتیست بووم لە شاری ئۆستن لە ویلایەتی تێکساس. قەشە هوان داوای لێ کردم کە سیمینارێک لەسەر پەرەپێدانی کەلتوری مزگێنیدان پێشکەش بکەم. سیمینارەکەم پێشکەش کرد و ئامادەبووان پرسیاریان کرد. ئینجا کەسێک پرسیاری دەربارەی بابەتێک کرد کە کەس خۆی لە قەرەی نەدەدا: «زۆرێک لە خەڵکی ڤێتنام هاتوون و کۆمەڵگە و ناوچەی تایبەت بە خۆیان دروست کردووە کە لە دەوروبەرمانن، ئایا کڵێسا چۆن دەتوانێت مزگێنییان بداتێ؟»

لە لایەکەوە ئەمە پرسیارێکی زۆر جوان بوو. ئەندامێکی کڵێسا درکی بەوە کردووە کە شانازی و بەرپرسیاریەتی ئەوەی لەسەرە کە مزگێنی بداتە ئەو کەسانە، وە دەرفەتێکی گونجاوی بۆ ئەو کارەش دۆزیوەتەوە. بەڵام لە لایەکی دیکەوە، شێوازی دەربڕینی پرسیارەکە بە جۆرێک بوو کە وەکو بڵێی مزگێنیدان ئەرکی کڵێسایە، نەک ئەو کەسەی کە سەرنجی دەرفەتی مزگێنیدانەکەی داوە.

بەڵام کەلتوری مزگێنیدان لە ڕیشەوە کار دەکات نەک لە سەرەوە. واتە، تاکەکان دەبێت مزگێنی بدەن و هەموو شتێک نەخەنە سەر دەستەی بەڕێوەبەریی کڵێسا. لە کەلتوری مزگێنیداندا، خەڵکی لەوە تێدەگەن کە گرنگترین ئەرکی کڵێسا ئەوەیە کە بە کڵێسایی بمێنێتەوە. پێشتر بینیمان کە کارەکانی کڵێسا شایەتی بۆ کڵێساکە دەدات. بە دڵنیاییەوە کڵێسا نوێژ دەکات و پشتگیری لە مزگێنیدان دەکات، بەڵام ئەرکی کڵێسا بەڕێوەبردنی بەرنامە و پرۆگرام نییە. کڵێسا دەبێت کار لەسەر کەلتور و فەرهەنگی مزگێنیدان بکات. ئەندامەکان لە کڵێساکانەوە دەنێردرێن بۆ ئەوەی مزگێنی بدەن. لەوانەیە ئەمە هەندێک تایبەت و دیاریکراو بێت، بەڵام زۆر گرنگە. ئەگەر بە دروستی لەمە تێنەگەیت، دەکرێت کڵێسا وێران بکەیت، یان لە دەستەی بەڕێوەبەریی کڵێسا تووڕە بیت.

بەم جۆرە وەڵامی پرسیاری ئەو خانمەی نێو کڵێساکەم دایەوە: «باشترین شت ئەوە نییە کە کڵێسا بەرنامەیەکی تایبەت بە مزگێنیدانی ڤێتنامییەکان دابنێت، بەڵکو دەبێت تۆ بیر لەوە بکەیتەوە کە چۆن دەتوانیت مزگێنی بدەیت. پێشنیاری من بۆ تۆ ئەوەیە کە شارەزای کەلتوری ڤێتنامییەکان بیت، بۆ نموونە دەتوانیت فێری سڵاوکردن بە زمانی ڤێتنامی ببیت، خواردنەکانیان تاقی بکەیتەوە، وە بزانە ئەو

کێشانە چین کە وەکو کەمەنەتەوە لێرەدا ڕووبەڕوویان دەبێتەوە. ئینجا بانگهێشتی ئەو کەسانە بکە کە دەبنە هاوڕێت بۆ ئەوەی بێنە ماڵەوە بۆ لات، یان لەگەڵتدا بەشداری لە خوێندنی کتێبی پیرۆزدا بکەن، یاخود بیانهێنە بۆ کڵێسا. ئینجا لەوانەیە هەندێکتان بیر لەوە بکەنەوە کە بڕۆن و لەنێو کۆمەڵگە و گەڕەکەکانی ئەواندا بژین بۆ ئەوەی باشتر مزگێنییان پێ بدەن.

ئەو خانمە بە وەڵامەکەم دڵخۆش نەبوو، بەڵام ئاسوودەییەکی تەواو لە ڕوخساری قەشە هواندا بەدی دەکرا و دڵخۆش بوو کە بە تەنها هەڵنەستام بە ڕێکخستنی بەرنامەیەکی تایبەت بە مزگێنیدان.

ئینجا گوتم: «وە کاتێک هاوڕێ ڤێتنامییەکەت لەگەڵ خۆت دەبەیت بۆ کڵێسا، هەموو کەسێک هاوکاریت دەکات، واتە هەمووان مزگێنیی پێ دەدەن. ئەوە کەلتوری مزگێنیدانە. بابەتەکە تەنها ئەوە نییە کە بە جوانی لەگەڵیدا هەڵسوکەوت بکەیت، بێگومان هەر دەبێت وا بێت، بەڵام دەبێت ئاگایی ئەوەت هەبێت کە ئەمە ئیشی هەموومانە و پێکەوە هاوکارین. لە کڵێسای تەندروستدا، سەردانکەران و میوانەکان مزگێنیی و ئینجیل لە هەموو کاروبارەکانماندا بەدی دەکەن. لەبەر ئەوەیە کە وشەی خودا بە گۆرانی و سرود دەڵێینەوە، نوێژ دەکەین و پەیامی خودا ڕادەگەیەنین. دەمانەوێت بەشداربووان و میوانەکان لە کاتی کۆبوونەوە و خزمەتەکەدا گوێیان لە پەیامی مەسیح بێت. وە کاتێکیش ڕێوڕەسمی لەئاوهەڵکێشان یان نانلەتکردن ئەنجام دەدەین، دیسان دەمانەوێت مزگێنیی مەسیح ببینن کاتێک کە ئەو کارانە ڕوون دەکەینەوە. کاتێک ئەندامەکان مزگێنیی لە ڕێگەی هەڵسوکەوت و ئاکاریانەوە نیشان دەدەن، ئەوا مزگێنیی لێمانەوە سەرچاوە دەگرێت».

ئەوە دیمەنی کەلتوری مزگێنیدانە بە کردار. دەزانم هەندێک سەخت و توندە؛ تەنانەت پێشنیاری ئەوەشم نەکرد کە منداڵەکانیان لەو قوتابخانانەدا ناونووس بکەن کە منداڵە ڤێتنامییەکانی لێیە. ئێستا لەوانەیە هەندێک کەس تۆمەتی ئەوە بدەنە پاڵم کە من گرنگی بە ڤێتنامییەکان نادەم، چونکە داوام لە کڵێسا نەکردووە کە بەرنامەیەکی مزگێنیدانی تایبەت بەوان تەرخان بکەن. بەڵام من دەتوانم بڵێم کە باشترین ڕێگەی خزمەتکردنی ئەم کۆمەڵگەیە و هەموو کۆمەڵگەکانی دیکە ئەوەیە کە مزگێنییان پێ بدەیت بۆ ئەوەی باوەڕ بهێنن. ئەم ئەرکەش بە باشترین شێوە لە لایەن

ئـەو شـایەتانەی کڵێسـاوە بەڕێـوە دەبردرێـت کـە خاوەنـی کەلتـوری مزگێنیدانـن؛ وە ئـەو ئەندامانـەی کڵێسـا کـە دەچـن و لەگـەڵ ڤێتنامییەکانـدا دەبنـە هـاوڕێ بـۆ ئـەوەی دواتـر بتوانـن مزگێنیـی مەسـیحیان پـێ بـدەن. ئەمـە شـێوازە زۆر کاریگەرتـرە لـەوەی کـە کڵێسـا لـە ڕێگـەی بەرنامەیەکـی تایبەتـەوە هەسـتێت بـە دابەشـکردنی جلوبـەرگ و خـۆراک، یـان دەرگا بـە دەرگا هـاوکاری پێشـکەش بـکات و قەرەباڵغییەکـی بەرچـاو دروسـت بـکات، یـان هـەر کارێکـی دیکـەی خێرخـوازی کـە کڵێسـا ئەنجامـی دەدات.

ڕوونـە کـە هەمـوو کڵێسـاکان بـە جۆرێـک خاوەنـی کەلتـوری مزگێنیدانـن. تەنانـەت ئـەو کڵێسـایانەی کـە مزگێنیـدان ڕەت دەکەنـەوە، خاوەنـی کەلتورەکـەن، بـەڵام کەلتورێـک کـە پشـت بـە کتێبـی پیـرۆز نابەسـتێت. پرسـیارەکە ئـەوە نییـە ئاخـۆ ئێمـە کەلتـوری مزگێنیدانمـان هەیـە یـان نـە؟ بەڵکـو ئەمـە پرسـیارەکەیە: «ئایا کەلتـوری مزگێنیدانەکەمـان تەندروسـتە یـان نەخـۆش؟»

بەوپـەڕی بوێرییـەوە دەڵێـم کـە هـۆکاری سـەرەکی نەخۆشـبوونی کەلتـوری مزگینیدانـی کڵێسـاکان ناگەڕێتـەوە بـۆ تـرس یـان ڕێـگا و شـێوازی هەڵـەی مزگێنیـدان، هـەر چەنـدە ئەمانـەش بـێ کاریگەریـی نیـن، بەڵکو دەگەڕێتـەوە بـۆ ئـەوەی کـە ئێمە لـە کڵێسـا تێناگەیـن.

یەک دوو پلە لادان لە نیشانەکە دوورمان دەخاتەوە

یەکێـک لـەو هۆکارانـەی کـە وای کردبـوو زۆر دڵخـۆش بـم کاتێـک کـە گروپێـک لـە قوتابییانـم لەگـەڵ خـۆم بـرد بـۆ وڵاتـی کینیـا، ئـەوە بـوو کـە لەگـەڵ فڕۆکەوانێکـی مزگێنیـدەردا سـەفەرمان کـرد کـە لـە گەشـتەکەماندا هاوکارمـان بـوو. نـاوی ئـەو فڕۆکەوانـە «پیـت» بـوو؛ ئـەو پێـش داهێنانـی جـی پـی ئێـس فڕۆکـەوان بـووە، ئـەو کاتـەی کـە فڕۆکـەوان پشـتی بـە قیبلەنمـای سـەر پانتۆڵەکانیـان دەبەسـت.

پیـت قوتابییەکانمـان دەباتـە شـوێنێکی دوورەدەسـت بـۆ ئەوەی هەسـتن بـە ئەنجامدانی ئەرکەکانیـان. هەندێـک کات جێگـەی منیـش دەبـووەوە بـۆ ئـەوەی لەگەڵیـان بـڕۆم. دوای ئـەوەی کـە قوتابییەکانمـان دابەزانـد، مـن بوومـە هـاوکاری پیـت. پیـت فڕۆکەکـە دەفڕێنێـت، ڕێکـی دەخـات، ئینجـا ئیشـی قیبلەنماکـە بـە مـن دەسـپێرێت. ئـەو کات مـن سـوکانی فڕۆکەکـە وەردەگـرم بـەو دەشـتەدا دەسـووڕێمەوە و دۆڵـی «ڕافـت» دەبـڕم و ئینجـا دەوری کێـوی کینیـاش دەدەمـەوە. پیـت زۆر دڵخـۆش بـوو بـەوەی کـە شـوێنە دیـار

و ناسراوەکانم نیشان بدات و منیش چێژم لەو دیمەنە جوانە وەردەگرت. بەڕاستی خۆش بوو!

لەڕاستیدا فڕین ئەوەندە سەخت نییە. ئەوە نیشتنەوەیە کە سەختە، بۆیە پیت فڕۆکەکەی نیشاندەوە. ئیشی من تەنها ئەوە بوو کە فڕۆکەکە بە ئاسمانەوە بهێڵمەوە و بە ئاراستەی قیبلەنماکە بیفڕێنم. بە گشتی بەلای ڕاستدا دەفڕیم و بە زەحمەت زیاتر بەرز دەبوومەوە. ناوبەناو پیت تەماشای قیبلەنماکەی دەکرد و وا پێدەچوو کە دڵخۆش نەبێت. دەستی لە قیبلەنماکە دەدا و دەیگوت: «تۆ لەسەر ڕێگەکە لاتداوە». پێم وابوو کە هەر حەز دەکات ڕەخنەم لێ بگرێت، بەڵام گوتی: «ماک، تۆ نازانیت، بەڵام یەک دوو پلە لادان دەمانباتە وڵاتێکی دیکە».

پیت ڕاستی دەکرد، ئەگەر تەماشای نەخشە بکەین دەبینین کە ئەگەر فڕۆکە یەک تۆز لەسەر ئاراستەی خۆی لابدات، چ کێشەیەکی گەورەی لێ دەکەوێتەوە. وە هەمان شت بۆ کڵێساش ڕاستە.

کێشەی پرسیاری ئەو خانمەی کە لە کاتی سێمینارەکەدا لێی پرسیم ئەوە نەبوو کە لە مزگێنیدان تێنەگەیشتبوو؛ کێشەکە ئەوە بوو کە لە کڵێسا تێنەگەیشتبوو. ئەو تەنها دوو پلە لایدابوو، بەڵام ئەو دوو پلەیە ئەوی بردووە بۆ شوێنێکی دیکە. تێگەیشتن لە کڵێسا وا دەکات ئاراستەی دروستی مزگێنیدان بزانین. کەواتە یەکەم جار دەبێت بیر لە کڵێسا بکەینەوە، پاشان بیر لەوە بکەینەوە کە چ شتێک دەبێتە هۆی تەندروستبوونی.

پێناسەکردنی کڵێسا

بیهێنە پێش چاوی خۆت کە لەنێو مارکێتێکدا سەرقاڵی شت کڕینی و لەو کاتەدا کەسێک بە قەڵەم و کاغەزەوە دێتە لات و پێت دەڵێت: «بێزەحمەت پێناسەی کڵێسام بۆ بکە». ئایا وەڵامی دەدەیتەوە؟ ئەی ئەگەر ئەم پرسیارەشت لێ بکات: «پێکهاتە پێویست و گرنگەکانی کڵێسا کامانەن؟» گیر دەکەیت و ناتوانیت وەڵامی بدەیتەوە؟

ئەگەر وا بێت، ئەوا تەنها تۆ نیت. ئەوە دەیان ساڵە سەردانی مزگێنیدەرانی زۆرێک لە وڵاتانی جیهان دەکەم. زۆرێک لەم کەسانە بە خۆیان دەڵێن «بینادنەر و چێنەری کڵێسا». ئەوان کەسانێکی زۆر باش و دڵسۆزن، بەڵام هەمیشە سەرم سوڕ دەمێنێت

لـەوەی کـە ژمارەیەکـی زۆر کەمیـان دەتوانـن بەپێـی کتێبـی پیـرۆز پێناسـەی کڵێسـا بکـەن. کاتێـک پێناسـەی کڵێسـام بـۆ دەکـەن، پێناسـەکەیان پشـت بـە هەسـت و سـتراتیژی مرۆڤانـەی خۆیـان دەبەسـتێت.

مـن حـەزم لـە کڵێسـای (کـردار ٢٩)یـە؛ خۆزگـە کڵێسـای زیاتـری لـەو چەشـنەمان هەبووایـە. بـەڵام بـە داخـەوە ئـەوەی کـە لـە زۆربـەی شـوێنەکانی ئـەم جیهانـە هەمانـە، کڵێسـای (کـردار ٢٩)[a] نییـە، بەڵکـو ئەوەیـە کـە مـن بـە کڵێسـاکانی (ڕابـەران ٢٢) نـاوزەدی دەکـەم: کڵێسـاگەلێک کـە ئـەوە ئەنجـام دەدەن کـە خۆیـان پێیـان باشـە (ڕابـەران ٢١: ٢٥). لـە جێگـەی ئـەو کڵێسـایانە، ئێمـە پێویسـتەمان بـە کڵێسـاگەلێکە کـە ڕەگ و ڕیشـەیان بـە قووڵـی لـە کتێبـی پیـرۆزدا داکووتابێـت.

جارێکیـان لەگـەڵ مزگێنیدەرێکـدا بـووم کـە ڕابەرایەتـی کۆمەڵـە کەسـێکی دەکـرد دەیانوسـیت کڵێسـایەک لـە ڕوسـیا دابمەزرێنـن. ئـەو بـاوەڕدار و برایەکـی ئازیـزی منـە. ئـەو خـۆی بـە تـەواوی بـۆ خزمەتـی پەیامـی مەسـیح تەرخـان کـردووە. ئـەو خاوەنـی دڵێکـی خزمەتکارانـە و خۆنەویسـتیانەیە. هەروەهـا ئـەو لـەو جـۆرە ڕابەرانەیـە کـە کاریگەریـی ڕاسـتەوخۆی لەسـەر ئـەو کەسـانە هەیـە کـە لەگەڵـی کار دەکـەن. زۆر دڵخـۆش بـووم کاتێک پێـی گوتـم کـە خـودا بانگـی کـردووە بـۆ ئـەوەی کڵێسـا بنیـاد بنێـت. بـەڵام کاتێـک لەبـارەی کڵێسـاوە پرسـیارم لـێ کـرد، وا دەردەکـەوت کـە نازانێـت دەبێـت بـە کام لادا بـڕوات. ئینجـا لـە کۆتاییـدا بـە بێزارییـەوە گوتـی: «باشـە، تـۆ چـۆن پێناسـەی کڵێسـا دەکەیـت؟»

منیـش گوتـم: «پێکهاتـە سـەرەکییەکانی کڵێسـا لـە سـێ بابەتـدا کـورت دەکرێتـەوە: کڵێسـا چییـە، کڵێسـا چـی دەکات، وە ئەرکـی کڵێسـا چییـە». دەرەنجامەکـەی بـە جۆرێـک بـوو کـە هەتـا نیوەشـەو لەسـەر کڵێسـا قسـەمان کـرد. بـە کورتـی، ئـەم شـتانەم پـێ گـوت.

بـاوەڕی مەسـیحییەت هیـچ ناوێکـی بـۆ ئـەو باوەڕدارانـە نییـە کـە ئەندامـی کڵێسـایەکی خۆجێیـی نیـن. بـۆ بـاوەڕدار کڵێسـا هەرگیـز شـتێکی خوازیـاری نەبـووە و نابێـت.[b] بـەڵام

---

a (تـۆڕی کـردار ٢٩) خۆیـان بـۆ بنیاتنـان و چاندنـی کڵێسـا تەرخـان کـردووە. نـاوی ئـەم ڕێکخـراوە لـەو ڕاسـتییەوە هاتـووە کـە سـیپارەی کـرداری نێـردراوان لـە ٢٨ بـەش پێکدێـت. بۆیـە (کـردار ٢٩) دەکرێـت وەکـو تەواوکـەری سـیپارەی کـرداری نێـردراوان چـاوی لـێ بکرێـت لـە مێـژووی کڵێسـادا. http://en.wikipedia.org /wiki /Acts_29.

b بۆ زانیاری زیاتر لەسەر ئەندامێتیی کڵێسا، بڕوانە ئەم سەرچاوەیە:

Jonathan Leeman, Church Membership: How the World Knows Who Represents Jesus (Wheaton: Crossway, 2012).

سـەرەڕای ئـەوەی کـە کڵێسـا ڕۆڵێکـی گرنـگ لـە بەقوتابیبوونـی ئێمـەدا دەگێڕێـت، بـەڵام زۆربـەی ئەندامانـی کڵێسـا بۆچوونـی جیـاواز و هەمەچەشـنیان دەربـارەی کڵێسـا هەیـە، کـە زۆربەیـان لەگـەڵ کتێبـی پیـرۆزدا ناگونجێـن.

بـە دڵنیاییـەوە کڵێسـا دەتوانێـت ئازادانـە زۆر شـت ئەنجـام بـدات. کڵێسـاکان ئـازادن لـەوەی کـە بینـا دروسـت بکـەن، یاخـود لـە هۆڵـی گـەورەدا کۆبوونـەوە بکـەن، دەتوانـن لەسـەر کورسـی یـان لەسـەر زەوی دابنیشـن. هەروەهـا بەپێـی وشـەی خـودا دەتوانـن سـتراتیژی و بەرنامـەی تایبەتیـان بـۆ هەندێـک لـە فەرمانـە بەربڵاوەکانـی کتێبـی پیـرۆز هەبێـت. هەروەهـا ئـازادن لـەوەی کـە گروپـی مۆسـیقاژەن و سرودبێژانیـان هەبێـت؛ پشـتگیری کاری خێرخـوازی بکـەن؛ کۆبوونـەی نوێـژی تایبـەت بـە پیـاوان ئەنجـام بـدەن؛ قوتابخانـەی بـاوەڕداران بەڕێـوە ببـەن، یـان گـروپ و دەسـتەی بچـووک دابمەرزرێنـن.

بـەڵام پێکهاتـە گرنگـەکان کامانـەن، ئـەو شـتانەی کـە پێویسـت و زەرووریـن؟ ئەگـەر هەمـوو شـتێک دابماڵێـت، ئـەو شـتانە لـە کڵێسـادا کامانـەن کـە ناکرێـت سـادە یـان کـەم و بچـووک بکرێنـەوە؟ بـە چەندیـن شـێوە، وەڵامـی ئەمـە ئاسـانە. بـۆ نموونـە، قوتابخانـە لـە کڵێسـا دابـڕە، هێشـتا خاوەنـی کڵێسـای. بـەڵام ئەگـەر وتـاری بـەردەوام لـە کڵێسـا دابڕێـت، ئـەوا شـتێک بـە نـاوی کڵێسـا نامێنێـت.

هەمـوو باوەڕدارێـک پێویسـتە بزانێـت کـە چ شـتێک کڵێسـا دەکات بـە کڵێسـا. وە بـە پشتبەسـتن بـە کتێبـی پیـرۆز پێکهاتەکانـی کڵێسـا شـتێکی زۆر سـادەیە، لانـی کـەم کاتێـک کـە لەسـەر کاغـەز دەینووسـین.

کڵێسا چییە

کڵێسـای خۆجێیـی کۆبوونـەوەی باوەڕدارانـی لەئاوهەڵکێـشراو و لەدایکبووەوەیـە کـە بـە خۆشەویسـتییەوە پەیمانیـان داوە بـەردەوام لەژێـر دەسـەڵاتی کتێبـی پیـرۆز و پیرانـی کڵێسـادا کۆببنـەوە بـۆ ئـەوەی خواپەرسـتی بکـەن، ببنـە وێنەیەکـی ڕوونـی مزگێنیـی مەسـیح، وە لـە هەمـووی گرنگـتر خـودا شـکۆدار بکـەن (یۆحەنـا ٣: ١- ٨؛ ١٣: ٣٤- ٣٥؛ کـرداری نێـردراوان ٢: ٤١؛ ١٤: ٢٣؛ ئەفەسـۆس ٣: ١٠؛ کۆلۆسـی ٣: ١٦؛ دووەم تیمۆسـاوس ٣: ١٦- ١٧؛ عیبرانییـەکان ١٠: ٢٤- ٢٥).

کڵێسا چی دەکات

کڵێسا دەبێت تەنها چەند کارێک ئەنجام بدات بۆ ئەوەی ببێتە کڵێسا: خەڵکی لە خۆشەویستییان بۆ مزگێنیی مەسیح بەردەوام کۆ ببنەوە بۆ ئەوەی گوێ لە وشەی خودا بگرن، گۆرانی ڕۆحی بڵێن، نوێژ بکەن و هاوکاری مادی کڵێسا بکەن و ڕێوڕەسمی لەئاهەڵکێشان و نانلەتکردن ئەنجام بدەن. ئەندامەکانی کڵێسا، ئەوانەی بە خۆشەویستییەوە پەیمانیان بە یەکتر داوە، دەبێت گرنگی بە یەکتر بدەن (یەکەم کۆرنسۆس ١٢: ١٢- ٢٦)، تەنانەت لەڕێگەی ئەنجامدانی تەمبێکردنی کڵێساییەوە (مەتا ١٦: ١٥- ١٧).

ئەرکی کڵێسا چییە

کڵێسا پلانی گرنگی خودایە بۆ مزگێنیدان لەگەڵ ئەرکێکی سەرەکی و گرنگ: بڕۆین، هەموو نەتەوەکان بکەینە قوتابی، فێریان بکەین فەرمانەکانی عیسا جێبەجێ بکەن، کە دامەزراندن و چاندنی کڵێسا یەکێکە لەو فەرمانانە (مەتا ٢٨: ١٨- ٢٠).

وەکو بینیتان ئەوە چەند دێڕێک بوو لەسەر کڵێسا، کە جێبەجێکردنیان هەموو ژیانتی پێویستە. بەڵام ئەو پێناسەیە زۆرێک لە پێناسەکانی دیکەی ڕەت کردەوە کە خەڵکی بۆ کڵێسا لەبەرچاویان گرتبوو. کڵێسا تەنها بینایەک نییە، هەروەها تەنها شوێنی کۆبوونەوەی کۆمەڵایەتی خەڵک نییە. پێویستی بەوەیە کە کۆمەڵەی خۆجێیی باوەڕداران پەیوەست بن بە یەکەوە و پەیمان و بەڵێنێکی خوشک و برایانە لەنێوانیاندا هەبێت. کڵێسا بێباوەڕان ناکاتە ئەندام، بەڵکو تەنها لەئاهەڵکێشراوان وەکو ئەندام قبوڵ دەکات. کڵێسا شوێنی مامەڵەکردن بە هەڵسوکەوت و کاری باش و خۆشگوزەرانی نییە، بەڵکو کۆبوونەوەی باوەڕدارانە کە هەموویان ملکەچی وشەی خودان.

کڵێسایەکی تەندروست

پێناسەی کڵێسامان کرد، ئێستاش با باسی کڵێسای تەندروست بکەین.

گرنگە کە بڵێم ئەو نیشانانەی سەرەوە باسی کڵێسای تەواو و کامڵ ناکات، کە لەسەر زەوی بوونی نییە. هەروەها نامانەوێت جیاوازی لەنێوان کڵێسای ڕاستەقینە لەگەڵ کڵێسای ساختەدا بکەین. بەڵکو، دەمانەوێت جیاوازی لەنێوان ئەو کڵێسا

ڕاستەقینانەدا بکەین کە نەخۆشن لەگەڵ ئەوانەی کە تەندروستن. وە دەمانەوێت یارمەتی چاکبوونەوەی کڵێسا نەخۆشەکان بدەین.

بەهۆی ئەمانەی خوارەوە باوەڕدار بنەماکانی کڵێسای تەندروست پشتگوێ دەخات:

- وتاری هاندان پێشکەش دەکرێت لە جێگەی وتاری وشەی خودا. ئەگەر وتارەکانمان تەنها باسی بیروبۆچوونی باش یان ئەزموونکردنی ژیانێکی باش بکەن - یان لەوە خراپتر ئەگەر تەنها تیشک بخەنە سەر خۆشگوزەرانی - وە باسی وشەی خودا نەکەین، ئەوا خەڵکی لە خودا و ڕێگاکانی خودا تێناگەن.
- گۆڕینی باوەڕ و باوەڕهێنان دەکرێت شتێکی ناڕوون و پێناسەنەکرا و تایبەت بێت، واتە، ئەوانەی کە باوەڕدار نین پێیان دەگوترێت کە باوەڕدارن. بەو شێوەیە، بێباوەڕان دەبنە ئەندامانی کڵێسا. کە ئەمە ڕوویدا، کڵێسا ناتوانێت مزگێنیدان بەپێی کتێبی پیرۆز پەیڕەو بکات.
- ئەندامێتی وەکو شتێکی خوازیاری چاوی لێ دەکرێت. ئیدی کەسێکمان خۆشناوێت ئەگەر نەزانین کێیە. دەبێت خۆم بۆ ناسینی ئەوان تەرخان بکەن و ئەوان بۆ من.
- بێباوەڕان پلەی بەرزی بەڕێوەبردن لە کڵێسا وەردەگرن. ئایا پێویست دەکات زیاتر لەسەر ئەمە قسە بکەم؟ ئەمە بەردەوام ڕوودەدات، بەتایبەتی ئەو کڵێسایانەی کە گوێ نادەن بە ئەندامبوونی باوەڕداران.
- کارە سەختەکان ئەنجام نادرێن. زۆربەی کات ناتوانین ئەو کەسانەم خۆشبوێت کە خۆشمان لێیان نایەت. وە ناتوانین تەمبێکردنی کڵێسایی بەسەر کەسانی پێویستدا ئەنجام بدەین.

هەریەک لەم بابەتانەی سەرەوە لەوانەیە شتێکی گەورە نەبن، بەڵام ئەگەر کڵێسا تووشی هەریەک لەمانە بێت، ئەوا بە ئاراستەی پێچەوانەوە دەفڕێت. ئەم بابەتانە دەمانخەنە مەترسییەوە، لەبەر ئەوەی هەندێک کات کەسانی نیاز باش دەبنە ڕێنماییکەرێکی کوێر و کڵێساکانی (ڕابەران ٢٢) دروست دەکەن. وە بۆ ئەوەی بابەتەکە خراپتر بێت، کاتێک بناغەی کڵێسا لەرەی تێکەوت و نەخۆش کەوت، شکۆی خودا ون دەبێت و دادەپۆشرێت. ئەوەی کە دەبێت لە جیهاندا ببێتە شایەتێکی جوان بۆ مەسیح، لە ڕاستیدا ون دەبێت و لەناودەچێت.

دەبێت دەست لەسەر کێشەیەکی دیکەی ڕژد دابنێین کە دەبێتە هۆی نەخۆشکەوتنی کڵێسا و کاریگەری ڕاستەوخۆی لەسەر کەلتوری مزگێنیدان هەیە. ئەویش ئەوەیە کە باوەڕداران جیاوازی نێوان گوێڕایەڵی کەسیی لەمەڕ مزگێنیدان لەگەڵ ئەرکی کڵێسا تێکەڵ دەکەن.

لەپێشینەی کەسیی، لەپێشینەی کڵێسا، وە دابەشکردنی کارتۆنی دیاری

لە کەلتوری تەندروستی مزگێنیداندا، باوەڕداران دەزانن کە لەپێشینەی کەسەکان و کڵێسا جیاوازن. ئەوەی کە تۆ بە تایبەتی ئەنجامی دەدەیت، لەوانەیە بۆ کڵێسا باشترین شت نەبێت. لەبەر ئەم هۆکارە بوو کە وەڵامێکی چاوەڕواننەکراوم بەو ژنە دایەوە کە لەسەر مزگێنیدان بە ڤێتنامییەکان پرسیاری لێ کردم.

ئەم نموونەیە مەبەستەکەم ڕوون دەکاتەوە: قەشە جاکی هاوڕێیەکی ئازیزی منە کە لە دوبەی کار لەگەڵ کڵێسای چینی دەکات. هاوکارییەکی زۆری ئەو چینییە هەژارانەی کردووە کە بۆ ئیشکردن دێن بۆ ئیمارات. جارێکیان پێش ساڵی نوێ، هەندێک کەسی باشی ڕۆژاوایی بڕیاریان دا کە دیاری بەسەر کرێکارەکاندا دابەش بکەن. بێگومان ئەوە هیچ کێشەیەکی تێدا نییە و کارێکی جوانە. بۆیە ئەندامانی کڵێسای دوبەی هەرکەسەو لە ئاست خۆیەوە شتێکی بەخشی، لەوانە سابون و تایید، بۆن، شانە و هەندێک کەلوپەلی دیکە. ئەوانەیان کردە نێو چەندین کارتۆنی بچوک و ئامادەیان کرد. وە لەگەڵ ئەو کەلوپەلانەدا ئاگادارییەکیان سەبارەت بە کات و شوێنی خزمەتی کڵێساکەیان دانا و بە جوانی پێچایانەوە. بێگومان ئەوەش هیچ کێشەیەکی تێدا نییە.

ئینجا کۆمەڵە کەسانێکیان ڕاسپارد کە ئەو کارتۆنانە کۆ بکەنەوە و بینێرن بۆ جاکی. کاتێک سەردانی جاکیم کرد، شوێنی چوونە ژوورەوەم نەبوو، چونکە هەموو شوێنێک تەنرابوو بە کارتۆنی دیاری.

با ئێستا بیر لە بنەماکانی کتێبی پیرۆز بۆ مزگێنیدان و کاریگەرییەکانی نەکەینەوە؛ با بیر لەوەش نەکەینەوە کە ئەو ڕۆژاواییە دەوڵەمەندانە چییان گوتووە کاتێک کە شانەیەک یان سابوونێکیان بۆ ئەو کرێکارە هەژارانە دابین کردووە. کێشە سەرەکییەکە ئەوەیە کە جاکی نەیدەتوانی وتارەکەی ئامادە بکات. نەیدەتوانی قسە لەگەڵ ئەو

کەسانەدا بکات کە حەزیان دەکرد سەبارەت بە عیسا گفتوگۆ بکەن. نەیدەتوانی بە ئەرکەکەی خۆی هەستێت و ئەندامانی کڵێسا تەیار بکات بۆ ئەوەی ئەوانیش ئەرکەکانیان جێبەجێ بکەن، چونکە ئەندامانی کڵێسا نەیاندەزانی کە ئەوە ئەرکی ئەوانە کە ئەو دیارییانە دابەش بکەن و ڕێگە بە جاکی بدەن ئەرکی قەشەیەتی و وتاردان و نوێژکردن لە ئەستۆ بگرێت. باوەڕدارەکان ئەرکی خۆیان بە ئەرکی کڵێسا زانیوە.

با بڵێین کە کارتۆنی دیارییەکان زۆر سوودی هەبووە و خەڵکی سەردانی کڵێسای چینییان کردووە. کاتێک کە هاتوون، حەز دەکەیت چ جۆرە کڵێسایەکیان بینیبێت؟ کڵێسایەکی تەندروست کە لە کاتی ڕاگەیاندنی وشەی خودا گوێیان لە مزگێنیی مەسیح بووە، وە ئەندامەکان قوتابین و هەمووان ئامادەی مزگێنیدانن، وە مزگێنیی مەسیح لە ڕێوڕەسمی لەئاوهەڵکێشان و نانلەتکردندا بەدی دەکەیت؟ یاخود کڵێسایەکی نەخۆش کە تێیدا ڕابەرەکانی هەموو کاتەکەیان بە دابەشکردنی کارتۆنی دیاریی بەسەر بردووە؟

ئەگەر جاکی هەموو کاتی خۆی لە دابەشکردنی دیاریدا بەسەر ببات، وە هەڵنەستێت بە ئەنجامدانی ئەرکەکەی خۆی کە پەروەردەکردن و بایەخدانە بە کڵێسایەکی تەندروست، ئەوا ڕێگە دەدات کڵێسا بێبەرهەم بێت. ئەمە تەنها بەسەر جاکیدا جێبەجێ نابێت، بەڵکو ئەمە بۆ هەر ڕابەر و پیرێکی کڵێسا ڕاستە. ئەندامەکان ئازادانە دەتوانن چەندین کار ئەنجام بدەن، بەڵام دەبێت ئاگاداری ئەوە بن کە پشتگیری ڕابەرەکانیان بکەن بۆ ئەوەی کڵێسا بە ئاراستەیەکی دروستدا ببەن.

باوەڕدارە نیاز باشەکانی دوبەی جیاوازی نێوان بەرپرسیاریەتی کڵێسا و خۆیان نازانن. ئەوان پێیان وابوو کە دەبێت کڵێسا وەکو خۆیان یارمەتی کرێکارەکان بدات. بەڵام لە کاتی جێبەجێکردنی ئەم ویست و خواستەیاندا، کڵێسایان شێواند.

نموونەی ئەم جۆرە کێشەیە لە (کرداری نێردراوان ٦)دا هاتووە کە دەبینین بێوەژنە یۆنانییەکان لە دابەشکردنی خۆراکدا پشتگوێ دەخرێن. کەسێک پێی وابوو کە بێوەژنە عیبرانییەکان بەشە خۆراکی ئەوان وەردەگرن، چونکە ئەوان ئاشنایەتییان لەگەڵ کەسانی جولەکەدا هەبوو کە یۆنانییەکان نەیانبوو. هەرچۆنێک بوویێت، ئەم بارودۆخە پێویستی بە چارەسەر بوو. بۆیە، نێردراوان داوایان لە ئەندامە خەمخۆرەکان

کرد کە حەوت پیاوی خوداناس بۆ چارەسەری ئەو کێشەیە دیاری بکەن.

ئەو پیاوانە هەموویان یۆنانی بوون، کە بە ناوەکانیاندا ڕوون و ئاشکرایە، بۆ ئەوەی هەموو جۆرە گومانێکی ڕەگەزپەرستی نەهێڵێت. بەڵام سەرنجی ئەوە بدە کە بۆچی نێردراوان بەم جۆرە ڕووبەڕووی ئەو کێشەیە بوونەوە. گوتیان:

«باش نییە بۆمان ڕاگەیاندنی پەیامی خودا پشتگوێ بخەین و خەریکی ئازووقە دابەشکردن بین. خوشک و برایان، لەنێو خۆتاندا حەوت پیاو هەڵبژێرن کە ناوبانگیان باش بێت و پڕبن لە ڕۆحی پیرۆز و دانایی، تاکو لەسەر ئەم ئەرکە دایانبنێین. ئێمەش خۆمان تەرخان دەکەین بۆ نوێژکردن و بۆ خزمەتی ڕاگەیاندنی پەیامی خودا.»

بۆیە داوا لە ئەندامان کرا کە کێشەکە چارەسەر بکەن بۆ ئەوەی پارێزگاری لە ئەرکی سەرەکی ڕابەرەکان بکرێت کە بریتی بوو لە نوێژکردن و خزمەتی ڕاگەیاندنی پەیامی خودا.

ئەندامانی کڵێسا دەبێت لەو کارە گرنگانە تێگەیشتبێتن کە نێردراوان ئاماژەیان پێکردووە. سەرەڕای ئەوەی کە زۆر کاری گرنگ هەیە کە کڵێسا دەتوانێت ئەنجامی بدات - لەوانە خزمەتکردنی بێوەژنان - بەڵام نابێت هیچ شتێک ببێتە ڕێگر لەبەردەم ئەرکە سەرەکییەکانی کڵێسادا کە ڕاگەیاندنی وشەی خودایە. ئەندامان و قەشەکان دەبێت شان بە شانی یەکتر بەرگری لە ئەرکی تایبەت و سەرەکی کڵێسا بکەن.

چۆن کەلتورێکی تەندروستی مزگێنیدان پەیوەندی بە کڵێسایەکی تەندروستەوە دەکات

کەواتە کەلتورێکی تەندروستی مزگێنیدان چۆن کار دەکات؟ ئەمەی خوارەوە تەنها یەکێکە لە نموونەکانی ئەو شێوازی کارە:

ئابیگەیڵ کە ئەرکی چاودێریکردنی بەردەوامی منداڵەکانی لەسەر شانە، دوای دابەزینی لە فڕۆکەخانەی «دەڵس» بە پاس دەچێت بۆ وانشگتن دی سی. گەشتێکی دورودرێژی هەبووە، دوای ئەوەی کە ڕۆیشتووە بۆ تێکساس تاکو لە ڕێوڕەسمێکی بەخاکسپاردندا بەشداری بکات. ئابیگەیڵ لە تەنیشت خانمێکی گەنجی ئاسیاییدا دانیشتووە، بەڵام لە جێگەی ئەوەی کە سەری لەنێو کتێبدا ون بکات، دەست دەکات بە گفتوگۆکردن.

ناوی ئەو کچە «ڤان»ە. ڤان بە ئابیگەیڵی گوت کە خەڵکی چینە و چەند کاتژمێرێک دەبێت گەیشتووەتە ئەمریکا. ئابیگەیڵ دەزانێت کە ئەمە ڕێکەوتێکی

خودایـیـە. بۆیـە بڕیـاری دا کـە مزگێنـی بـدات بـەم کچـە، بـەڵام دەیزانـی کـە دەبێـت هەسـتیار و وریـا بێـت.

کاتێـک ئابیگەیـڵ بیـری لـە بەرنامەکانـی کڵێسـاکەی کـردەوە، بیـری هاتـەوە کـە لـە داهاتوویەکـی نزیکـدا دوو بـاوەڕدار ئاهەنگـی هاوسـەرگیری ئەنجـام دەدەن. ئـەو دەیزانـی کـە مزگێنیـی مەسـیح لـەوێ ئامـاژەی پـێ دەکرێـت. کڵێسـا هانـی ئەندامەکانـی دابـوو کـە هاوڕێکانیـان بانگهێشـت بکـەن بـۆ ئـەوەی بەشـداری لـەو ئاهەنگـەدا بکـەن. بۆیـە ئابیگەیـڵ پرسـی: «حـەز دەکەیـت بەشـداری لـە ئاهەنگێکـی مەسـیحیدا بکەیـت؟» ڤـان زۆری پـێ خـۆش بـوو، بۆیـە ئیمێڵیـان گۆڕییـەوە و ئابیگەیـڵ کاتـی بینینیانـی ڕێکخسـت.

سـەرنجی ئـەوە بـدە کـە ئابیگەیـڵ متمانـەی بـە کڵێسـایەکی تەندروسـت هەبـوو. پێویسـتی بـەوە نەکـرد کـە تەلەفـۆن بـۆ قەشـەکەی بـکات و داوای ڕێکخسـتنی بەرنامەیەکی تایبـەت بـە مزگێنیدانـی چینییـەکان بـکات. وە پێویسـتی بـەوە نەدەکـرد کـە ئاخـۆ پەیامـی مەسـیح لـە کاتـی ئاهەنگەکـەدا ڕوون دەبێـت یـان نـە. لـە کڵێسـایەکدا کـە خاوەنـی کەلتورێکـی تەندروسـتی مزگێنیدانـن، مزگێنیـی مەسـیح تـەواوی خزمەتـەکان دادەپۆشـێت. ئابیگەیـڵ ئاهەنگـی هاوسـەرگیری هەڵبـژارد، بـەڵام دەکـرا هـەر شـتێکی دیکـە بێـت.

بـەو جـۆرەی کـە چـاوەڕوان دەکـرا، ئاهەنگەکـە ئەوەنـدەی کـە باسـی بـوک و زاوا کـرا، ئەوەنـدەش باسـی بـوک و زاوای ئاسـمانی کـرا. بـوک و زاوا و قەشـەکەش پەیامـی خودایـان ڕاگەیانـد. بـەڵام لـە هەمـووی باشـتر ئـەوە بـوو کـە دوای تەواوبوونـی ئاهەنگەکـە، ئابیگەیـڵ و منداڵـە چـوار سـاڵانەکەی لەگـەڵ ڤـان چوونـە دەرەوە بـۆ پارکـی منداڵانـی کڵێسـا. ڤـان لـە ئابیگەیڵـی پرسـی کـە جیـاوازی ئاهەنگـی مەسـیحی لەگـەڵ ئاهەنگەکانـی دیکـە چییـە؟ ئابیگەیـڵ کـە شـارەزاییەکی باشـی لـە پەیامـی مزگێنیـی مەسـیح هەبـوو، ئـەو دەرفەتـەی بەکارهێنـا و بـە جوانـی پەیامـی مەسـیح بـۆ ڤـان ڕوون کـردەوە.

ئینجـا ئابیگەیـڵ لـە ڤانـی پرسـی کـە ئاخـۆ حـەز دەکات کتێبـی پیـرۆزی هەبێـت. بۆیـە چوونـەوە نێـو کڵێسـا و کتێبێکـی پیـرۆزی بـە زمانـی چینـی پێـدا. یەکـەم جـار بـوو کـە ڤـان کتێبـی پیـرۆز بـە دەسـتیەوە بگرێـت. ئینجـا ئابیگەیـڵ پێشـنیاری ئـەوەی کـرد کـە پێکـەوە کـۆ ببنـەوە و کتێبـی پیـرۆز بخوێنـن، کـە هـەر واشـیان کـرد. تەنانـەت لـە یەکێـک لـە کۆبوونەوەکانـدا، هەندێـک لـە ئەندامانـی بانگهێشـت کـرد کـە بـە زمانـی چینـی قسـەیان دەکـرد بـۆ ئـەوەی ڤـان بناسـن و باسـی شـایەتییەکانی خۆیـان بکـەن. دوای ئـەوەی کـە

ئـەو شـتانە کاری کـردە سـەر ڤـان، دەسـتی کـرد بـە پرسـیاری گرنـگ و هەسـتیار.

ئابیگەیـڵ و ڤـان بـەردەوام بـوون لەسـەر خوێندنـی کتێبـی پیـرۆز هەتـا ئـەو کاتـەی کـە پـاش چەنـد هەفتەیـەک ڤـان چـووە زانکـۆ بـۆ «بۆسـتن». بـەڵام ئابیگەیـڵ کـۆڵی نـەدا. هاوڕێیەکـی لـە بۆسـتن بەڵێنـی دا کـە بـەردەوام بێـت لـە خوێندنـی کتێبـی پیـرۆز لەگـەڵ ڤـان. ئێسـتا کـە مـن خەریکـی نووسـینی ئـەم کتێبـەم، ئـەوان خەریکـی خوێندنـی کتێبـی پیـرۆزن.

ئابیگەیـڵ چاوەڕێـی کڵێسـای نەکـرد کـە کارێـک بـکات. تەنانـەت بیـری لـێ نەکـردەوە. ئـەو متمانـەی بـە کڵێسـا بـوو کـە وەکـو کڵێسـا بمێنێتـەوە. ئـەو پشـتی بـە هێـزی مزگێنیـی بەسـت و متمانـەی بـە ڕۆحـی پیـرۆز هەبـوو کـە لـە ڕێگـەی هەنـگاوە دڵسـۆزەکانی ئـەوەوە وەکـو باڵوێـزی مەسـیح کار دەکات.

کەلتـوری مزگێنیـدان بـەو شـێوەیە لـە کڵێسـادا کار دەکات. شـتێکی زریقـە و بریقـەدار نییـە، بەرنامـە و پڕۆگرامـی دیاریکـراو نییـە، بەڵکـو شـتێکی زۆر باشـترە.

بەشی چوارەم

مزگێنیدەری بە ئامانج لە کەلتوری مزگێنیداندا

«کێلی» کە کچێکی شازدە ساڵانە و خەڵکی بەڕازیلە، هاتبوو بۆ ئەوەی لە پۆرتلەندی ویلایەتی ئۆریجن قۆناغی ئامادەیی تەواو بکات. «کۆنی و جۆن» کە پێشوازی لەو کچە دەکەن و وەکو دایک و باوکی ئاگایان لێ دەبێت، کەسانێکی دەم بە خەندەن و بەردەوام سەردانی کڵێسایەکی تەندروست دەکەن. کێلی قوتابییەکی وریا و زیرەکە و بەهۆی پێشینە بەڕازیلی و ژاپۆنییەکەیەوە، زۆر ئاسوودەیە لەگەڵ کەلتورەکانی دیکەدا، بۆیە زۆر بە ئاسانی خۆی لەگەڵ قوتابخانەی پۆرتلەندا گونجاند. کۆنی و جۆن نوێژ و نزایان بۆ کەیلی کرد و لەگەڵ خۆیان چەندین جار بردیان بۆ کڵێسا، بەڵام وا دیارە کەیلی حەزی لە باوەڕی مەسیحییەت نییە. بەڵام کەیلی ئەو خێزانەی زۆر خۆشدەویست و تەنانەت دوای گەڕانەوەشی بۆ بەڕازیل، هەر لە پەیوەندیدا بوون. کۆنی هەر بەردەوام بوو لەسەر نوێژکردن بۆ کێلی. چەندین ساڵ نوێژی بۆ کرد؛ دە بۆ پازدە ساڵ نوێژ و نزای بۆ کرد.

لەم دواییانەدا، من و لیانی هاوسەرم، داوامان لێکرا کە لە کڵێساکەی کۆنی و جۆندا قسە بکەین کە ناوی «هینسۆن باپتیست»ە. لەدوای خزمەتەکەوە، بۆ نانی نیوەڕۆ کۆنی لەلای لیان دانیشتبوو. کۆنی بە لیانی گوت: «چەندین ساڵ لەمەوپێش ئێمە پێشوازیمان لە قوتابییەکی بەڕازیلی کرد بە ناوی کێلی، کە ئێستا لەگەڵ هێلی فڕۆکەوانیی ئیماراتدا کار دەکات. ئەو کچێکی زۆر شیرینە. ئێستا لە دوبەی دەژی. پێت وایە دەتوانیت پەیوەنی پێوە بکەیت؟ ئێستا ژیانی هەندێک ئاڵۆز و ناخۆشە، چونکە زۆر نییە کە لە خۆشەویستەکەی جودا بووەتەوە».

لیان زۆر دڵخۆش بوو کە پەیوەندی بە کێلییەوە دەکات، بەڵام چەندین هەفتە دەخایەنێت هەتا ئەو کاتەی ئێمە دەگەڕێینەوە بۆ دوبەی. بۆیە کۆنی و لیان پێکەوە نامەیان بۆ کێلی نارد و باسی کڵێساکەی ئێمەیان بۆ کرد. لەسەر پێشنیاری کۆنی، کێلی کڵێساکەمانی دۆزیبووەوە و پێش گەڕانەوەی لیانی هاوسەرم، سەردانی کڵێساکەی کردبوو.

کە کێڵی چووبووە ژوورەوە، «هێتی» کە خەڵکی فیلیپین بوو پێشوازی لێکردبوو، کە لێپرسراوی بەشی پێشوازیکردن بوو، ئینجا «کانتا» هاتبوو بە دەمیەوە، کە خەڵکی هیندستانە و بەرپرسی کتێبخانەی کڵێساکەیە. کێڵی گوێی لە قەشە دەیڤ گرتبوو کە وتاری دابوو، وە دڵی زۆر بە وتەکانی خۆشبوو. ئینجا هێتی و کانتا (کە نەیاندەزانی کێڵی لەسەر پێشنیاری ئێمە هاتووە بۆ ئەو کڵێسایە) بانگهێشتیان کردبوو کە پێکەوە نانی نیوەڕۆ بخۆن. کاتێک کێڵی گەڕایەوە ماڵەوە، تەماشای کرد لەنێو کارتۆنی پێشوازییەکەدا (لە کاتی چوونە نێو کڵێساکەدا پێی درابوو) دوو کتێب هەیە.[a] کێڵی هەردووکیانی خوێندەوە. دواتر، هێتی و کانتا بانگهێشتیان کرد بۆ ئەوەی بەشداری لە گروپێکی بچووکی خوێندنی کتێبی پیرۆزدا بکات، کە پێشوازییەکی گەرموگوڕی لێ کرا.

کاتێک لیان گەڕایەوە دوبەی، ئەو و کێڵی پێکەوە نانی نیوەڕۆیان خوارد. کێڵی باسی ژیانی خۆی بۆ لیان کرد و پێی گوت کە زۆری حەز لە کڵێسایە. بە لیانی گوت: «دەمەوێت ببمە ئەندامی کڵێسا. ئایا هیچ ئابوونەیەک هەیە کە دەبێت بۆ ئەندامبوون بیدەم؟» لیانیش پێی گوت: «نەخێر، پێویست بە پارەدان ناکات، بەڵام پێش ئەوەی کە ببیتە ئەندامی کڵێسا، شتێکی گرنگ هەیە کە دەبێت باش لێی تێبگەیت. ئەو شتەش بریتییە لە مزگێنیی مەسیح».

کێڵیش گوتی: «زۆر باشە، باسی مزگێنیم بۆ بکە، کەواتە».

چەند کیشوەرێک، دوو کڵێسا، چەندین شار، چەندین زمان، چەندین ڕەگەز، کەسایەتی هەمەچەشن و جیاواز، چەندین ساڵ نوێژ و نزا، پەیوەندی زارەکی و نووسراو، دوو نانی نیوەڕۆ، بەڵام یەک مزگێنی. کاتێک کێڵیم لە ئاو هەڵکێشا، نەمدەتوانی لە خۆشییان نەگریەم بە هۆی هەموو ئەو شتانەی کە خودا بۆ ئەم کچەی خۆی لەبەرچاوی گرتبوو.

کێڵی تەواو بێ ئاگا بوو لەوەی کە خودا خەڵک و ڕووداوی تایبەتی بۆ دێنێتە پێش بۆ ئەوەی بەرەو لای خۆی ڕایبکێشێت. بەڵام ئێستا دەتوانێت درک بەوە بکات. لەڕاستیدا بووە ئەندامی تیمی پێشوازیی کڵێسا، چونکە زۆر حەز دەکات مزگێنی

---

a ئەمانە ناوی ئەو دوو کتێبەن:

The Cross Centered Life by C. J. Mahaney.

Two Ways to Live, a gospel explanation by Philip Jensen and Tony Payne.

بداتـە ئـەو کەسـانەی کـە خـودا ناناسـن. لـەم دواییانـەدا، دوو کەسـی بەڕازیلـی بینـی کـە بـۆ یەکـەم جـار هاتبوونـە کڵێسـا؛ ئەوانیـش لـە هێڵـی فڕۆکەوانـی کار دەکـەن. کـێ دەزانێـت خـودا چـۆن لـە ژیانیانـدا کاری کـردووە بـۆ ئـەوەی بیانگەیەنێتـە ئـەم خاڵـە؟ وە کـێ دەزانێـت خـودا چـی دەکات؟

لـە کەلتـوری مزگێنیدانـدا، ئـەو کەسـانەی کـە عیسـایان خۆشـدەوێت، وەکـو ئامێـری مۆسـیقا لـە سـەمفۆنیای کاری مەزنـی خـودا، پێکـەوە کار دەکـەن. هەمیشـە نازانـن پارچـەی دواتـر کامـە دەبێـت، ڕۆحـی پیـرۆز بڕیـار لەسـەر ئـەو دەدات. بـەڵام ئەگـەر چاومـان لەسـەر خـودا و ڕێنماییەکانـی بێـت، ئـەوا لـە ژیانـی کەسـانی دیکـەدا دەبینـە بەشـێک لـە کارەکـەی.

دەکرێـت بـە ئاسـانی سـەرنجمان لەسـەر ڕابـەری سـەمفۆنیاکە نەمێنێـت و چاومـان بخەینـە سـەر ئامادەبـووان. بـەڵام بیـرت نەچێـت کـە پـەروەردگار ڕابـەری ئێمەیـە. لـە کاتی مزگێنیدانـدا بـا ئامانجـت هەبێـت و شـوێن ڕێنمایـی پـەروەردگار بکـەوە. دەکرێـت بەهـۆی چەندیـن شـتەوە لەسـەر ڕێـگای ڕاسـت لابدەیـن. بـەڵام لـە کەلتورێکـی پێگەیشـتووی مزگێنیدانـدا، خەڵکـی متمانەیـان بـەوە هەیـە کـە خـودا شـتێکی گەورەتـر لـەوە دەکات کـە ئـەوان دەتوانـن بـە چـاوی ئاسـایی ببینـن.

بەشی جیاواز، هەمان ئامانج

لـە کەلتـوری مزگێنیدانـدا، داوا لـە خەڵکـی دەکەیـن کـە باوەڕیـان پتـەو بکـەن و کاری خـودا لـە کەسـانی دیکـەدا ئەنجـام بـدەن. وەکـو بەشـێک لـەم بانگهێشـتە، ئەندامانـی کڵێسـا دەبێـت بـەردەوام بـن و کـۆڵ نـەدەن. ئـەو کەسـانەی لـە دەوری کێڵـی بـوون، کاتێـک بـە بـاوەڕ بـە مەسیح هەنگاویـان دەنـا، متمانەیـان بـە خـودا هەبـوو کـە لـە ڕێگەی ئەوانـەوە کار دەکات. کەواتـە بـا تەماشـایەکی ئـەو کەسـانە بکەیـن کـە لـە چیرۆکەکـەی کێڵیـدا بەشـدار بـوون و بزانیـن دەتوانیـن چـی لـەم نموونانـەوە فێـر ببیـن.

کۆنـی وازی لـە هاوڕێیەتـی کێڵـی نەهێنـا سـەرەڕای ئـەوەی کـە ماوەیەکـی زۆر لـە یەکتـر دوور بـوون، بەڵکـو لـە جێگـەی کۆڵـدان نوێـژ و نـزای دەکـرد و چاوەڕێـی دەرفەتـی گونجـاوی دەکـرد. لـە کۆتاییـدا دەرفەتەکـە هـات، هـەر چەنـدە پـازدە سـاڵی خایانـد. بـە ڕووکار و ڕوخسـاری مرۆڤـەکان تێمەکـەوە. ئێمـە وشـەی ژیـان دەدەینـە ئەوانـەی کـە

بێچارەن و خەریکن دەمرن، بەبێ ئەوەی کە گرنگی بە ڕوخسار و ڕووکاریان بدەین. کەواتە بە تەنها و بە کۆمەڵیش، نوێژ بکەن و چاوکراوە بن.

کانتا و هێتی خۆیان بە مزگێنیدەر نەدەزانی، بەڵام لەڕاستیدا مزگێنیدەر بوون. ئەوان مزگێنیدەرگەلێکی وریا و زیرەک بوو کە ئامادەییان لە پێ کردبوو بۆ ڕاگەیاندانی مزگێنیی ئاشتی (ئەفەسۆس ٦: ١٥).

قەشە دەیڤ دڵسۆزانە پەیامی مەسیحی ڕاگەیاند، کاتێک شەو و ڕۆژی بۆ خزمەتی مەسیح خستبووە سەر یەک. ئەندامانی کڵێسا دەیزانی کە کاتێک خزم و هاوڕێکانیان دێنن بۆ کڵێسا، بە دڵنیاییەوە گوێیان لە پەیامی مەسیح دەبێت. زۆر جار دەیڤ لە دوانگەی کڵێساکەوە دەڵێت: «ئەو ئامادەبووانەی کە خاوەنی پێشینە و باوەڕی جیاوازن و ئەمڕۆ لێرە ئامادەن، دەمەوێت پێیان بڵێم کە زۆر دڵخۆشین بە هاتنیان. هانتان دەدەم کە لەگەڵ من یان پیرانی کڵێسا یاخود هاوڕێکانتان کە ئێوەیان بۆ کڵێسا هێناوە، باسی وتارەکەی ئەمڕۆ بکەن».

ئەو گروپە بچووکەی تایبەت بە خوێندنی کتێبی پیرۆز کە کێلی بەشداری تێدا کرد، شوێنێکی گەرموگوڕ و خۆمانە بوو بۆ ئەوەی کتێبی پیرۆزی تێدا بخوێنن.

لیان ئەو دەرفەتە لەدەست خۆی نادات کە هاتووەتە سەر ڕێگەی. دەکرا بە ئاسانی بیری لەوە بکردایەتەوە کە پازدە ساڵ پەیوەندی نەیتوانیوە شتێکی ئەوتۆ بکات، کەواتە بۆچی ئێستا خۆی پێوە ماندوو بکات. بەڵام لیان ئامادەی ئەوە بوو کە مزگێنی بدات و هانی کێلی بدات کە پرسیار بکات.

کەس داوای لە کێلی نەکرد کە هێڵ بەژێر ئایەتەکاندا بهێنێت. بە هیچ جۆرێک فشاریان نەخستە سەری. جارێکیان کاتێک لیان قسەی لەگەڵ کێلی دەکرد، لیان ئەوەی پشتڕاست کردەوە کە کێلی لە مزگێنیی مەسیح تێگەیشتووە و باوەڕی هێناوە. بەڵام ئەگەر لە کێلیت بپرسیبا کە کێ ئەوی بە مەسیح ناساندووە، لەوانەیە سەری لێ بشێوابا. دەکرا بڵێت: «ڕۆحی پیرۆز»، یان «کۆمەڵە کەسێک».

لە کەلتوری مزگێنیداندا، ئامانجەکە ئەوەیە کە هەموو کەسێک بەشداری بکەن، نوێژ بکەن، وە هەرکەسێک لە ئاست خۆیەوە دەرفەتەکان بقۆزێتەوە. ئێمە دەتوانین خەڵکی ڕووبەڕووی ئاڵنگار بکەینەوە بۆ ئەوەی باوەڕ بهێنن، بەڵام لە پەیمانی نوێدا هیچ ڕێنماییەک سەبارەت بە نوێژی گوناهبار نییە. ئێمە متمانە بە خودا دەکەین

کە کارێک بکات گوناهباران تۆبە بکەن. ئەرکی ئێمە ئەوەیە کە هەموومان پێکەوە شایەتیی دڵسۆز بین.

چۆن دەتوانین ببینە بەشێک لە کەلتورێکی چالاکی مزگێنیدانی لەو چەشنە؟ چۆن دەتوانین ببینە مزگێنیدەری بەئاگا و ئاگایانە لە کەلتوری مزگێنیداندا بژین؟ پێویستمان بە ئامادەکردنی چ جۆرە سەکۆیەکە بۆ ئەوەی ئامادەی مزگێنیدان بین؟ بە ڕای من پێویستمان بەم شەش خاڵەی خوارەوە هەیە:

١. ئامادەکردنی دڵ و مێشک و پێ
٢. تێگەیشتن لەو شێوازە ژیانەی کە مزگێنیی مەسیح پێکی دێنێت
٣. لەناوبردنی گریمانە و ئەگەرەکانمان
٤. بینینی مزگێنیدان وەکو نەزم و ڕێکخستن
٥. نوێژکردن
٦. بەپێی دەرفەت، ڕابەرایەتیکردن لە مزگێنیداندا

١. دڵ و مێشک و پێت ئامادەی مزگێنیدان بکە

لە یەکەم کتێبی مزگێنیدانم بە ناوی «قسەکردن لەبارەی عیسا»، باسی ئەوەم کردووە کە لە سێ لایەنەوە دەبێت مزگێنیدان لە خۆماندا بپشکنین: ئایا هان دراوین؟ ئایا ئامادە کراوین؟ ئایا بەردەستین؟ ئەم سێ پرسیارە دڵنیامان دەکاتەوە لەوەی کە دڵ و مێشک و پێمان، بەوپەڕی ڕێز و خۆشەویستییەوە ئامادەی مزگێنیدانن.

بۆ نموونە، کەسێک کۆمەڵێک هاوڕێی نامەسیحی هەیە و نیگەرانە لەوەی کە نازانێت چۆن مزگێنییان پێبدات. بەڵام لەوانەیە کەسێکی دیکە هەموو شتێک لەبارەی مزگێنیدانەوە بزانێت بەڵام هیچ هاوڕێیەکی نامەسیحی نەبێت. هەروەها لەوانەیە کەسێک هەبێت کە شارەزاییەکی تەواوی لە پەیامی مەسیحدا هەبێت و هاوڕێیەکی زۆری نامەسیحیشی هەبێت، بەڵام نەزانێت کە هاوڕێکانی بەبێ مەسیح ڕووبەڕووی حوکمی هەتاهەتایی دەبنەوە.

بە درێژایی چەندین ساڵ کە لەگەڵ ئەو کەسانەدا بووم کە لە تۆڕی «هاندان و ئامادەبوون و بەردەستبوون»ەوە تەماشای بابەتەکەیان کردووە، بۆم دەرکەوتووە کە دوور جۆر خەڵک هەن کە دوودڵن لە بڵاوکردنەوەی باوەڕەکەیان. یەکەم جۆر

ئەوانەن کە بەهۆی ترسەوە مزگێنی نادەن. لە چەند شتێک دەترسن: نازانن چی بڵێن؛ ڕەت بکرێنەوە و وەکو گێل دەربکەون؛ یان وا لە خەڵکی بکەن کە هەست بە بێزاری و نائارامی بکەن.

دووەم جۆر ئەو کەسانەن کە لە باوەڕدارانی دیکە دوور کەوتوونەتەوە. ئەم دوورکەوتنەوەش چەندین هۆکاری لەپشتە: لەوانەیە خۆیان لە کەلتوری گەرمی مەسیحی بەدوور گرتبێت؛ شێوازی ژیانی نامەسیحییەکان بە شتێکی نەشیاو بزانن؛ یان بە حیساب زۆر سەرقاڵی خزمەتکردنن و ئاگایان لە مزگێنیدان نییە.

پرسیارکردن لەسەر هاندان و ئامادەبوون و بەردەستبوون یارمەتیمان دەدات شایەتیی کەسیمان بپشکنین. هەروەها ئەمانە بابەتی یارمەتیدەرن بۆ پشکنینی کەلتوری مزگێنیدانمان. کە نەخۆشی و دەردەکانمان بۆ دەرکەوت، دەتوانین پێشنیاری هەندێک چارەسەریش بکەین.

دڵی هاندراو لە کڵێسادا

کاتێک دڵمان دەپشکنین بۆ ئەوەی بزانین دڵمان هۆکاری هاندانی هەیە، کڵێساش دەبێت بیر لە پشکنینی بەکۆمەڵ بکەنەوە. لەوانەیە ئەم پرسیارانە یارمەتیت بدەن:

- ئایا کڵێسا کار لەسەر پەرەسەندنی سۆز و بەزەیی بۆ ئەو کەسانە دەکات کە مەسیح ناناسن؟
- ئایا ئەندامانی کڵێسا پێویستیان بە هاندانە کاتێک بێباوەڕان دڵڕەق دەردەکەون؟
- ئایا ئەندامەکان قەناعەتیان بەوە هەیە کە مزگێنیی مەسیح ئەو شتەیە کە گەورەترین گۆڕانکاری لە دڵ و مێشک و ژیانمان و تەواوی کۆمەڵگادا دروست دەکات؟

هەندێک جار بەبێ ئەوەی کە بمانەوێت باوەڕداران بە ئامرازی ڕێک و ڕاستی وەکو تاوان هاندەدەین. بەڵام لەڕاستیدا دەبێت باوەڕداران بە فێرکردنەکانی نوێ کتێبی پیرۆز هان بدەین، بۆ ئەوەی ئەرک و ڕۆڵی خۆیان وەکو باڵوێزی مەسیح بزانن کە دەبنە نێوانگری دوو لایەنی شەڕکەر و پێشنیاری ئاشتی و تەباییان پێ دەدەن.

مێشکی ئامادە و تەیار لە کڵێسادا

کڵێسا دەبێت بە مزگێنیی مەسیح ئەندامەکانی ئامادە و تەیار بکات. دەبێت بەردەوام کۆبوونەوەکانیان بۆ ئەوە بەکاربهێنن کە لە هەموو ئاست و لایەنێکەوە بڕواننە مزگێنی و ئینجیلی مەسیح.

دەبێت مزگێنیی مەسیح لەنێو هەموو سرود و گۆرانییە ڕۆحییەکاندا هەبێت. بووکەکەمان کە ناوی ستێفانییە، پێی گوتم کە لە کاتی دەرچوونی لە زانکۆ گۆرانییەکی گوتووە کە زۆربەی کات لە کڵێسادا دەگوترێت. ناوی ئەو گۆرانییە ئەمەیە «خودای ئەم شارە». نیوەی هاوپۆلەکانی موسڵمان بوون، وە هیچ کێشەیەکیان لەگەڵ ئەوەدا نەبوو کە ئەوانیش بە هەست و سۆزەوە گۆرانییەکە بڵێنەوە. ئەگەر کەسانێکی نامەسیحی لە قوتابخانەیەکی سێکیولاردا ئامادە بن گۆرانییەک بە هەست و سۆزەوە بڵێنەوە، ئەوا ڕوون و ئاشکرایە کە ئەو گۆرانییە مزگێنی و ئینجیلی تێدا نییە.

گۆرانی «خودای ئەم شارە» گۆرانییەکی خۆشە و باشترە لە زۆرێک لە گۆرانییە باوەکانی ئەم سەردەمە، بەڵام هیچ ئاماژەیەک بە مزگێنیی مەسیح ناکات.

کاتێک بیر لەو گۆرانییانە دەکەمەوە کە چەندین ساڵ لە کڵێسا گوتوومن، درک بەوە دەکەم کە ئەوانیش ئاماژەیان بە مزگێنیی مەسیح نەکردووە. بۆیە ئێستا زۆر سوپاسگوزار و دڵخۆشم کە ڕابەری گروپی پەرستنی کڵێساکەمان زۆر هەستیارە لە هەڵبژاردنی گۆرانی و سرودەکاندا، وە دەیەوێت گۆرانییەک هەڵبژێرێت کە باسی پەیامی خاچی مەسیح دەکات. دەیەوێت لە ڕێگەی سرود و گۆرانییەوە پەیامی مەسیح ڕابگەیەنێت.

هەروەها دەبێت لە هەموو وتارەکانماندا مزگێنیی مەسیح بەدی بکرێت. قەشەیەکی هاوڕێم هات بۆ لام دوای ئەوەی کە لە کڵێساکەی ئەواندا وتارێکم پێشکەش کرد. پێی گوتم کە یەکێک لە پیرانی کڵێساکە سوپاسی کردووە بەهۆی وتارێکیەوە کە چەند مانگێک لەمەوپێش پێشکەشی کردووە و باسی ئەوەی بۆ کردووە کە ئەو وتارە ڕووبەڕووی ئاڵنگاری کردووەتەوە. بەڵام دواتر پیرەکە گوتی: «تاکە نیگەرانییەک کە هەمە ئەوەیە کە ئەو وتارە مزگێنیی لەخۆ نەگرتبوو». ئینجا قەشەکەی هاوڕێم پێی گوتم: «دەمەوێت ئەو شتە بۆ تۆ بکەم، کە ئەو پیرە بۆ منی کرد. ماک، وتارەکەت زۆر جوان بوو و زۆرم پێ خۆش بوو. بەڵام دڵنیا نیم کە کەسێک لە

ڕێگەی وتار و وشەکانی ئەمڕۆی تۆوە بتوانێت باوەڕ بهێنێت». ئەو ڕاستی دەکرد و زۆر سوپاسگوزاری ئەو برایەم کە ئەو هەڵەیەی منی ئاشکرا کرد. ئایا وتارەکانی ئێمە وا دەکات خەڵکی درک بە گوناهەکانی خۆیان و ڕزگاریی مەسیح بکەن؟

لایەنی دیکەی ژیانی هاوبەشمان هەیە کە دەبێت تەماشای بکەین و بیپشکنین. نوێژ و نزای بە کۆمەڵمان دەبێت ئەوە ڕابگەیەنێت کە ئینجیل و مزگێنیی مەسیح سەرچاوەی ئومێد و هیوامانە لە ناوەڕاستی ئەو نیگەرانییانەی کە دەیخەینە بەردەمی. بوێرانە دەتوانین لە تەختی پاشایەتی خودا نزیک ببینەوە چونکە عیسا سەرۆک کاهینمانە (عیبرانییەکان ٤: ١٤- ١٦). دەتوانین لە کۆبوونەوەی ڕۆژانەی یەکشەممە، چاوپێکەوتنی ئەندامێتی، وە گروپەکانی بەقوتابیبووندا باسی مزگێنی و ئینجیلی مەسیح بکەین. دەتوانین بابەتە سەرەکییەکانی کتێبی پیرۆز فێری ئەندامەکان بکەین و هانیان بدەین کە باسی شایەتی و چۆنیەتی باوەڕهێنانیان بکەن. دەتوانین کتێب و نامیلکە و بڵاوکراوە گرنگەکانیان پێ بناسێنین بۆ ئەوەی بە تەنها یان لەگەڵ کەسانی بێباوەڕدا بیخوێننەوە.

ئەنجامدانی ئەم شتانە سەخت نین، بەڵام لەبەرچوونەوەیان ئاسانە. بۆ ئەوەی تەواوی ئەنداسانی ئامادە و تەیار بکەین، پێویستە لە هەموو لایەنەکانی ژیانی کڵێسا ئاماژە بە مزگێنی و ئینجیلی مەسیح بکەین.

پێی ئامادە لە کڵێسادا

کڵێساکان دەتوانن بزانن ئاخۆ ئامادەن بە کۆمەڵ خزمەتی بێباوەڕان بکەین یان نە، تەنها لە ڕێگەی سەرنجدانی ئەوەی کە لە کۆبوونەوەکانیاندا پێشوازی لە بێباوەڕان دەکەن یان نە.

بەڵام لێرەدا دەبێت وریا بین. دەکرێت بە ئاسانی لە کڵێسایەکی میواننەوازەوە ببین بە کڵێسایەک کە ئینجیلی تێدا فەرامۆش بکرێت تەنها بۆ ئەوەی کە پێی بڵێن کڵێسایەکی تەبایە و جیاوازی لەنێوان ئایینەکاندا ناکات. بەداخەوە زۆرێک لە کڵێساکان کەوتوونەتە نێو ئەم داوەوە و بە ڕادەیەک بۆچوونی بێباوەڕەکانیان بەلاوە گرنگە کە بە تەواوی مزگێنیی مەسیحیان لەبیر کردووە. خێراترین ڕێگای هەڵە و کفر ئەو شتەیە کە پێی دەگوترێت «مزگێنیدانی پەیوەنددار». ئەو وتاربێژ و قەشانەی کە بە

قسـە جوانەکانیـان هـەوڵ دەدەن کڵێسـا بـۆ پێویسـتی و قازانجـی مرۆڤـەکان بەکاربهێنـن، لەڕاسـتیدا کڵێسـای کتێبـی پیـرۆز لەنـاو دەبـەن.

کڵێسـا بانـگ کـراوە بـۆ ئـەوەی کۆمەڵـە و دەسـتەیەک بـن کـە چاویـان لەسـەر خـاچ و مزگێنیـی مەسـیح بێـت و هەوڵـی شـکۆدارکردنی خـودا بـدەن و مەسـیح شـکۆدار بکـەن. نابێـت ئەوەمـان لەبیـر بچێـت کـە کڵێسـا دەبێـت چـاوی لەسـەر مەسـیح بێـت، نـەک ئاسـوودەیی شـوێنکەوتووانی مەسـیح. کڵێسـاکان دەبێـت چاویـان لەسـەر خـودا بێـت، لـە کاتێکـدا بـاوەڕداران دەبێـت ئاگایـان لـە شـوێنکەوتووان بێـت.

کەواتـە ئایـا تاکەکانـی کڵێسـا هـان دراون خزمەتـی ئـەو بێباوەڕانـە بکـەن کـە سـەردانی کڵێسـا دەکـەن؟ ئایـا ئامادەیـی ئەوەمـان هەیـە کـە پێشـوازییان لـێ بکەیـن و یارمەتییـان بدەیـن تاکـو لـە سـتایش و پەرسـتنی باوەڕدارانـی مەسـیح تێبگـەن؟ ئایـا لەسـەر بنەمـای مزگێنیـی مەسـیح هاوڕێیەتییـان لەگـەڵ دەکەیـن؟ زۆر مەترسـیدارە کـە پێمـان وابێـت بەشـداربوونی کڵێسـا هەموویـان بـاوەڕدارن.

بەردەسـتبوون تەنهـا ئـەوە نییـە کـە پێمـان بجوڵێنیـن بـۆ ئـەوەی لەگـەڵ کەسـێکی بێبـاوەڕدا بیـن، بەڵکـو پەیوەنـدی بـە پشـکنینی شـێوازی بیرکردنەوەشـمانەوە هەیـە. زۆربـەی کات حـەز دەکەیـن لـە مێشـکماندا خەڵکـی لـە کـۆڵ خۆمـان بکەینـەوە: ئـەو هاوڕێیانـەی کـە هەرگیـز نابنـە بـاوەڕدار؛ ئـەو هاوکارانـەی کـە لـە گوناهبـار دەچـن؛ ئـەو ئەندامانـەی خێـزان کـە حـەز ناکـەن بـە هیـچ شـێوەیەک باسـی ئاییـن بکەیـن. کاتێـک بـەم جـۆرە بیـر دەکەمـەوە، پێویسـتم بەوەیـە کـە کەسـێک وەبیـر بهێنێتـەوە کـە هیـچ دڵێـک ئەوەنـدە ڕەق نییـە کـە ڕۆحـی پیـرۆز نەتوانێـت نەرمـی بـکات.

کەواتـە لـە کەلتـوری مزگێنیدانـدا، بـە وریاییـەوە بیـر لـە سـێ شـت دەکەینـەوە: چـۆن دڵـمان هـان دەدەیـن، چـۆن مێشـکمان تەیـار و ئامـادە دەکەیـن، وە چـۆن پێـمان دەجوڵێنیـن.

٢. چۆنیەتی بینینی مزگێنیی مەسیح: ناوەندییەتی ئینجیل

دەبێـت کڵێسـاکان وەکـو ڕێـگای ژیـان مامەڵـە لەگـەڵ مزگێنیـی مەسـیحدا بکـەن. ناوەندییەتـی ئینجیـل زۆر گرنگـە بـۆ کەلتـوری مزگێنیـدان.

کاتێـک نێردراوێکـی نوێـی وەکـو پۆڵـس، سەرزەنشـتی نێردراوێکـی بەئەزموونـی وەکـو

پەترۆس دەکات، دەبێت شتێک لە ئارادا بووبێت (گەلاتیا ٢: ١١- ١٤). هەر چۆنێک بێت، پەترۆس بۆ ماوەی سێ ساڵ لە ئیسرائیلدا لەگەڵ عیسادا بوو. لە (کرداری نێردراوان ٢)دا دەبینین کە چۆن وتاری نیعمەتی پێشکەش کردووە و بەهۆی ئەوەی دەرگای بەڕووی یەکەم کڵێسادا کردەوە. پەترۆس لە دژی ئەنجومەنی سەنهەدرین وەستایەوە، هەمان ئەو دادگایەی چەند هەفتەیەک لەمەوپێش عیسای لە خاچ دابوو.

بەڵام لە گەلاتیا پۆڵس پێمان دەڵێت کە ترسی مرۆڤەکان بووە هۆی کەوتن و شکستخواردنی پەترۆس. تووشی داوی شەریعەت بوو، لەبیر کردبوو کە نیعمەتی خودا هەمووان دەگرێتەوە. کاتێکە بە خێرایی دەڕوانیتە بابەتەکە، هەست دەکەیت کێشەکە پەیوەندی بە خوانی ئێوارەوە هەیە، بەڵام پۆڵس ڕیشەی بابەتەی دیتبوو. کارەکانی پەترۆس پێچەوانەی ئەوە بوو کە ئێمە هەموومان تەنها بە نیعمەتی خودا بێتاوان کراوین.

ئەم ڕووداوەی گەلاتیا زۆر گرنگە، چونکە یارمەتی باوەڕداران دەدات کە لە نیعمەتی خودا لە مەسیحدا تێبگەن. پۆڵس دەڵێت ئەو شەڕە خێزانییەی نێوان خۆی و پەترۆس بووە هۆی پاراستنی مزگێنیی مەسیح.

پۆڵس شتێک دەڵێت کە زۆر یارمەتیمان دەدات لەوەی کە تێبگەین چۆن دەتوانین ژیانێکی پڕاوپڕ لە مزگێنی بەڕێ بکەین. پۆڵس دەڵێت کە کردارەکانی پەترۆس بەگوێرەی ڕێگای ڕاستی پەیامی ئینجیل نەبوون (گەلاتیا ٢: ١٤). ئەم وتەیەی پۆڵس دیمەنێکی تەواو فراوانمان بەڕووی ئینجیلدا دەکاتەوە. پێمان دەڵێت کە ئینجیل تەنها پەیامی ڕزگاری نییە، بەڵکو شێواز و ڕێگای ژیانە.

بۆم دەرکەوتووە کاتێک بە گوێرەی ڕاستی پەیامی ئینجیل دەژین، مزگێنیدان بەشێکی زیاتری ژیانمان لەخۆ دەگرێت. بەڵام دەبێت بزانین کە ژیان بەگوێرەی ئینجیل یەکسان نییە بە ڕەوشتبەرزی. لە ڕووکاردا لە یەک دەچن؛ لەوانەیە هەر لەبەر ئەوەش بێت کە پەترۆس سەری لێ شێوابوو. هەوڵدان بۆ دەستەبەرکردنی ژیانێکی پڕ لە ڕەوشتبەرزی مەحاڵە، لە کاتێکدا ژیان بەگوێرەی ڕێگای ڕاستی پەیامی ئینجیل دیاری خوداییە.

چۆن مزگێنیی مەسیح لە ژیانماندا جێبەجێ بکەین

گوتنی ئەوەی کە دەبێت مزگێنی لە ژیانماندا جێبەجێ بکەین و زانینی ئەوەی کە چۆن دەستەبەر دەبێت، دوو شتی جیاوازن. خۆشبەختانە کتێبی پیرۆز پێمان دەڵێت کە چۆن ئەو کارە بکەین. زۆربەی کات پەیمانی نوێ بابەتێکی گرنگی ئینجیل دێنێت و بەسەر ژیانماندا جێبەجێی دەکات.

هەندێک دەڵێن کە هەموو کارەکانی پۆڵس جێبەجێکردنی مزگێنیی مەسیحە. ئەم بابەتە ڕێی تێدەچێت، چونکە پۆڵس مزگێنیی دەدا، ئینجا باسی کاریگەرییەکانی ئەو مزگێنییەی لە ژیانماندا دەکرد. کاریگەری واتە ئەو شتەی کە لە مزگێنییەوە سەرچاوە دەگرێت نەک خودی مزگێنییەکە. بۆ نموونە، پۆڵس پێمان دەڵێت کە بەخشینی یەکتر پەیوەستە بە مزگێنیی مەسیحەوە: «... وەک مەسیحی باڵادەست لێتان خۆشبوو، ئێوەش لێیان خۆشبن» (کۆلۆسی ٣: ١٣). شێوازی ژیانمان پەیوەستە بە ئینجیلەوە: «بە شێوەیەک بژین کە شایستەی پەیامی ئینجیلی مەسیح بێت» (فیلیپی ١: ٢٧). هەروەها چۆنیەتی هەڵسوکەوتمان لەگەڵ دەسەڵاتدا ڕاستەوخۆ پەیوەستە بە ئینجیلەوە:

«دەزانن سەرۆکی نەتەوەکانی دیکە وەک میر فەرمانڕەواییان بەسەردا دەکەن و گەورەکانیان دەسەڵاتیان بەسەردا دەسەپێنن. بەڵام لەنێو ئێوەدا ئاوا نابێت، بەڵکو ئەوەی دەیەوێت لەنێوتاندا پایەی بەرز بێت، با ببێتە خزمەتکارتان و ئەوەش کە دەیەوێ لەنێوتاندا ببێتە یەکەم، با ببێتە بەندەتان، وەک چۆن کوڕی مرۆڤ کە نەهاتووە تاکو خزمەت بکرێت، بەڵکو خزمەت بکات و ژیانی خۆی بەخت بکات بۆ کڕینەوەی خەڵکێکی زۆر» (مەتا ٢٠: ٢٥- ٢٨).

کەواتە، بۆ ئێمەی باوەڕدار، چۆنیەتی لێخۆشبوون، ژیان، کار و ڕێنمایی، لەڕاستیدا هەموو شتێکی ژیانمان دەبێت لە ئینجیلدا ڕەگ دابکوتێت.

باشە ئەمە چ پەیوەندییەکی هەیە بە کەلتوری مزگێنیدانەوە؟ هەموو شتێک.

تێگەیشتن لە مزگێنی وەکو ڕێگای ژیان واتە دەبێت دڵنیا بین کە هەموو لایەنەکانی ژیانمان لەگەڵ ئینجیلدا دەگونجێت. ئەوە یارمەتیمان دەدات بۆ ئەوەی پەیامی مەسیح دەستمان بەسەردا بگرێت، جا ئیدی لەگەڵ باوەڕدار بین یان بێباوەڕ. ئەگەر مزگێنی سەنتەری ژیانمان بێت، ئەوا دەبینین کە بەردەوام مزگێنی دەدەین. ئەگەر باوەڕداران بزانن چۆن مزگێنی لە تەواوی ژیانیاندا جێبەجێ بکەن، ئەوا مزگێنیدانیان لێوە هەڵدەقوڵێت.

٣. گریمانە و ئەگەرەکانمان لەناو ببە

گریمانـە و دانانـی ئەگـەر بـۆ مزگێنیـی مەسـیح کارێکـی زۆر مەترسـیدارە. کاتێـک گریمانـە و ئەگـەر بـۆ ئینجیـل لەبەرچـاو دەگریـن، ئـەو کاتـە پێمان وایـە کـە هەمـوو بەشـداربووانی کڵێسا بـاوەڕدارن. هەرچەنـدە ڕاسـتیی شـتێکی دیکەیـە، بـەڵام زۆرێـک لـە ئەندامانـی کڵێسـا بـەم جـۆرە بیـر دەکەنـەوە.

ئـەم گریمانـە خراپەیـە، یەکێکـی دیکـەی بـەدواوە دێـت: پێویسـت نـاکات مزگێنـی مەسیح ڕابگەیەنیـت، فێـر بکەیـت و بڵاو بکەیتـەوە. بـەم هۆیـە بەپێـی تێپەڕبوونـی کات، سەرلێشـوان و ناڕوونـی لەبـارەی ئینجیلـەوە پـەرە دەسـتێنێت: کـرداری دەرەکـی لەگـەڵ بـاوەڕی ڕاسـتەقینە تێکـەڵ دەبێـت. ڕەوشـتبەرزی دەبێتـە چاوەڕوانـی، نـەک وەڵام و کاردانـەوەی پـڕ لـە خۆشەویستی. خـاچ دەبێتـە نموونـە، نـەک ئـەو شـوێنەی کـە تووڕەیـی و خۆشەویسـتی خـودا بـە تایبەتـی یەکیـان گرتـووە. لـە کۆتاییشـدا، مزگێنیـی مەسـیح بـە تـەواوی لەناودەچێـت و ون دەبێـت.

ئەمـە گەندەڵبوونـی کۆمەڵـەی باوەڕدارانـە. لەبـەر ئەمـە بـوو کـە پۆڵـس داوای لـە تیمۆسـاوس کـرد مزگێنیـی مەسـیح بپارێزێـت و بـە وریاییـەوە بیـدات بـە کەسـانی دیکـە؛ دەیزانـی کـە مزگێنیـی مەسـیح دەکرێـت ون ببێـت.

ڕێگـە مـەدە ئەگـەر و گریمانەکانـت شـایەتیی کۆمەڵـەی بـاوەڕداران لەنـاو ببـات؛ هـەر ئێسـتا ئەگەرەکانـت لەنـاو ببـە. ئەگـەر لـە ئینجیـل بێزاریـت، ئـەوا دەبێـت بەجوانـی دڵـت بپشـکنیت و بزانیـت چ گوناهێـک خـۆی حەشـار داوە. وە ئەگـەر ئینجیلـی مەسـیح لـە دڵتـدا پەنـگ ناخواتـەوە، ئـەوا بزانـە ئاخـۆ بەڕاسـتی بـاوەڕت هێنـاوە.

«ئاندرێـی» کـە قوتابـی قۆناغـی دووی زانکـۆ بـوو، سـەردانی کڵێسـاکەی ئێمـەی دەکـرد. حەزمـان دەکـرد بیکەینـە ڕابـەر، چونکـە ئەزموونێکـی باشـی لـە خزمەتکردنـدا هەبـوو. ڕابـەری گروپـی گەنجانـی خـۆی بـوو، کـە زۆریـان خۆشدەویسـت. بەهرەیەکـی باشـی لـە ژەنینـی گیتـاردا هەبـوو. گەنجێکـی قـۆز و بـاش بـوو. لەبـەر ئـەوەی باوکـی قەشـە بـوو، شـارەزاییەکی باشـی لـە کتێبـی پیـرۆزدا هەبـوو.

بـەڵام کاتێـک دەسـتی کـرد بـە خوێندنـی قـووڵ و وردی کتێبـی پیـرۆز، شـتەکان گـۆڕان. ئێمـە سـیپارەی مەرقۆسـمان خوێنـد. ئاندرێـی بێـزار ببـوو. ئـەو هەمـوو چیـرۆک و بەسـەرهاتەکانی عیسـای دەزانـی و هەمـوو کۆبوونەوکانمـان بەلایـەوە دووبـارە بـوو. دواتـر

هەستی بە نائارامی و پەرۆشی دەکرد، وا دیار بوو کە ڕۆحی پیرۆز کاری لەسەر دەکرد. کاتێک ئەو چیرۆکەمان خوێندەوە کە عیسا بە دووەم دەستلێدان چاوی کەسێکی نابینای چاک کردەوە، ئاندرێی تەزووێکی ساردی بە جەستەدا هات و درکی بەوە کرد کە هەر چەندە چەندین ساڵە کتێبی پیرۆز دەخوێنێتەوە، بەڵام نەیتوانیوە «عیسا» ببینێت. وەکو لە سەرەتادا پیاوە نابیناکە مرۆڤەکانی وەکو دار دەبینی، وە پێویستی بە دووەم دەستلێدان بوو، ئاندرێیش کە کاتێکی زۆری لەنێو کۆمەڵەی باوەڕداراندا بەسەر بردبوو، شوێنکەوتووی ڕاستەقینەی مەسیح نەبوو.

ئاندرێی تۆبەی کرد لەو گوناهەی کە خراپترین و سەرسەخترین گوناهە، ئەو گوناهەی کە لە ڕیشە هەڵکێشانی کارێکی سەختە، وە ئەو گوناهەی کە عیسا زۆر جار سەرزەنشتی کردووە: گوناهی شانازیی ڕۆحی و لووتبەرزی ئایینی. ئەو یەکێکە لە پەرجووئاساترین ئەو گۆڕینانەی کە هەتا ئێستا بینیومە، چونکە ژیانی پێشتری زۆر لە ژیانی باوەڕدار دەچوو. کاتێک بە تەواوی باوەڕ و متمانەی بە عیسا هێنا، گۆڕانکارییەکە بە جوانی بەدی دەکرا. ئەو لەبارەی ئینجیلەوە بۆچوونێکی ڕوون و ئاشکرای هەبوو. ئێستا دڵخۆشە لە کاتێکدا پێشتر هەستی بە بێزاری دەکرد. ئێستا ئاندرێی بە ڕوونی دەزانێت چی بەسەر هاتووە.

بەڵام بیر لەوە بکەوە کە چی ڕوویدەدا ئەگەر کۆمەڵەی باوەڕداران ئەگەر و گریمانەیان سەبارەت بە ئینجیل هەبوایە. ئاندرێی دەکرایە ڕابەر. ئەوانەی دەوروبەری وایان دادەنا ئەو باوەڕدارە. وەکو کەسێکی بێباوەڕ، گەنجان و قوتابییانەی فێر دەکرد. لە هەمووی خراپتر، ئاندرێی لەنێو گوناهەکەیدا ون دەبوو، لە کاتێکدا کۆمەڵەی باوەڕداران باوەڕەکەیان پشتڕاست دەکردەوە.

هەمیشە لە کڵێساکەماندا کۆمەڵێک کەس هەن کە لە باوەڕدار دەچن، بەڵام لەڕاستیدا باوەڕدار نین، بۆیە زۆر گرنگە کە بەردەوام مزگێنی بدەین و پەیامی مەسیح بڵاو بکەینەوە. ئەو کەسانە زۆربەی کات بەوەدا دەناسرێنەوە کە دەڵێن قسەکردن لەسەر مزگێنیی مەسیح شتێکی دووبارە و بێزارکەرە.

پێشتر گلەیی لەو چەشنە هانی دەدام کە کۆبوونەوەکانی کڵێساکەمان گەرموگوڕتر بکەم و گۆڕانکاری ئەنجام بدەم. بەڵام ئێستا کاتێک شتێکی لەو چەشنە دەبیستم، وەکو کارتی زەرد لەبارچاوی دەگرم، ئینجا لە بنج و بناوانی ئەو قسەیە دەکۆڵمەوە.

زۆر کـەس هـەن کـە خۆیـان وەکـو بـاوەڕدار دەردەخـەن. وە زۆری دیکـە هـەن کـە بـە هەڵـە پێیـان گوتـراوە بـاوەڕدارن بەهـۆی چۆنیەتـی پەروەردەکردنیـان، بەشـداربوونیان لـە چالاکییەکانـی کڵێسـا، یـان لەبـەر ئـەوەی کـە ڕەوشـتبەرز بـوون. ئێسـتا کـە ئـەم شـتانە دەزانـم، زۆر حـەز دەکـەم هـاوکار و یارمەتیـدەر بـم.

دیسـان ڕێـک و ڕاسـت دەبێـت بڵێـم: چیـتر پێـت وا نەبێـت هەمـوو ئەوانـەی لـە کۆبوونـەوەی باوەڕدارانـدا بەشـداری دەکـەن، بـاوەڕدارن. وای دابنـێ کـە کەسـانی بـێ باوەڕیـش لەوێـن.

زۆر نابێـت لـە یەکێـک لە قوتابخانەکانی یەزدانناسـیدا قسـەم کـردووە بە نـاوی «کۆلێژی یەزدانناسـی باپتیسـتی باشـووری»[a]. یەکێکـە لـەو کۆلێـژە یەزدانناسـییانەی کـە بایەخێکـی زۆر بـە مزگێنیـدان دەدەن. بەڕاسـتی دەستخۆشـی دەکـەم لـە دەسـتەی بەڕێوەبـەری و قوتابییـەکان. بـاوەڕم وایـە کـە قوتابییـەکان زۆر حـەزیـان لـە خزمەتکردنـە. بـەڵام لەگـەڵ ئەوەشـدا ویسـتم کـە بـە ڕوونـی مزگێنیـدان لەنێـو وتارەکەمـدا بـەدی بکرێـت، بـۆ ئـەوەی نـە تەنهـا ببمـە نموونەیـەک بـۆ ئەوانـەی کـە لـە داهاتـوودا دەبنـە ڕابـەر و قەشـە، بەڵکـو بـۆ ئـەوەی سـوودێکیش بـە ئەوانـە بگەیەنـم کـە وەکـو میـوان بەشـداربوون. لـە ژیانمانـدا زۆر کەسـم بینیـوە کـە لـە قوتابخانـەی یەزدانناسـی بوونـە و لەگـەڵ ئەوەشـدا بـە تـەواوی مەسـیحیان نەناسـیوە.

ئـەی باشـە چـی لـە منداڵەکانمـان بکەیـن؟ زۆر منـداڵ هـەن کـە لـە تەمەنـی پێنج سـاڵاندا تۆبـە دەکـەن و نوێـژی گوناهبـاران دەڵێنـەوە، بـەڵام زۆرێـک لـە هەمـان ئـەو منداڵانـەم بینیـوە کـە لـە زانکـۆدا بـە تـەواوی باوەڕیـان بـە مەسـیح هێنـاوە. وە لەگـەڵ زۆرێـک لـەو دایـک و باوکانـەدا گریـاوم کـە منداڵـە پێگەیشـتووەکانیان لـە بـاوەڕەوە دوور بـوون سـەرەڕای ئـەوەی کـە لـە کاتـی گەورەبوونیانـدا خۆیـان وەکـو بـاوەڕدار نیشـان داوە. بـەردەوام باسـی مزگێنیـی مەسـیح بـۆ منداڵەکانتـان بکـەن، هـەم لـە ماڵـەوە و هـەم لـە کڵێسـاش.

پێشـتر سـەرنجی ئەوەمـان دا کـە دەبێـت مزگێنـی لـە هەمـوو کارەکانمانـدا ڕوون و ئاشـکرا بێـت، بـۆ ئـەوەی ئەندامەکانـی کڵێسـا ئامـادەی مزگێنیـدان بـن. دەبێـت مزگێنـی لـە هەمـوو کارەکانمانـدا ببینرێـت، بـۆ ئـەوەی بێبـاوەڕان بـاوەڕ بـە مەسـیح بهێنـن.

a Southern Baptist Theological Seminary

بۆیـە لـە ڕێگـەی سرود و گۆرانییـەوە مزگێنـی دەدەیـن. سـەرنجێکی ورد دەخـەینـە سـەر وشـەکان بـۆ ئـەوەی دڵنیـا بیـن لـەوەی کـە ڕاسـتی لەبـارەی مەسـیحەوە دەردەبڕێـت. ژنێک دەناسـم لـە کڵێسـاکەماندا کـە لـە ڕێگـەی سرودێکـی ڕۆحییـەوە لەبـارەی کاری ڕزگاریـی مەسـیحەوە بـاوەڕی هێنـاوە.

لـە نوێـژ و نزاکانمانـدا مزگێنیـی مەسـیح ڕادەگەیەنیـن. تەنانـەت کاتێـک پێـش نانخـواردن نوێژ دەکەیـن، دەتوانیـن ئامـاژە بـەوە بکەیـن؛ کاتێـک کـە نوێـژ بـۆ دابینکردنـی پێداویسـتییە جەسـتەییەکانمان دەکەیـن، وە سوپاسـگوزاری خۆمـان دەردەبڕیـن، دەتوانیـن سوپاسـگوزاری ئـەوەش بیـن کـە ڕۆحیشـمان لـە ڕێگـەی مزگێنییـەوە تێر دەبێـت.

ئێمـە مزگێنیـی مەسـیح ڕادەگەیەنیـن. پێشـتر باسـی ئەوەمـان کـرد کـە وتـار پێویسـتی بـە ئینجیـل و مزگێنـی هەیـە و دەبێـت سـەرنجی ئـەوە بدەیـن ئاخـۆ کەسـێک بـاوەڕ بـە مەسـیح دەهێنێـت ئەگـەر گـوێ لـە وتارەکـەی ئێمـە بگرێـت. ئایا خەڵکـی هـان دەدرێـن کـە لـەدوای وتارەکـە پرسـیار بکـەن؟ لـە کۆبوونەوەیەکـی خێزانیـدا بـووم کـە باوەکەکـە گوتـی: «ئێسـتا شـتێکم لەبـارەی وتارەکـەی ئەمڕۆوە پـێ بڵێـن کە بەلاتانـەوە سـەرنجڕاکێش بووبێـت». ئێمـە پێویسـتمان بـە نموونـەی زیاتـری لـەم شـێوەیە.

بزانـە لـە کاتـی خوێندنـی کتێبـی پیـرۆز مزگێنیـی مەسـیح بـەدی دەکەیـت. لەنێـو دەقەکەدایـە. متمانـە بـە عیسـا بکـە کـە دەفەرموێـت هەمـوو کتێبـی پیـرۆز ئامـاژە بـە عیسـا دەکات (لۆقـا ٢٤: ٢٧). هەرگیـز گریمانـە و ئەگـەری ئـەوە لەبەرچـاو مەگـرە کـە هەمـوو کەسـێک هەواڵـی خۆشـی مەسـیح دەزانێـت. زۆر کـەس دەچنـە نێـو کڵێسـا و دێنـە دەرەوە بەبـێ ئـەوەی کـە گوێیـان لـە پەیامـی مەسـیح بێـت. بـا هەڵەیەکـی لـەو چەشـنە نەکەیـن و لـە ڕێگـەی هەمـوو هەڵسـوکەوت و ئاکارێکمانـەوە مزگێنیـی بدەیـن.

٤. مزگێنیدان وەکو نەزم و ڕێکخستنی ڕۆحی

نـەزم و ڕێکخسـتنی ڕۆحـی، وەکـو نوێـژ، خوێندنـی کتێبـی پیـرۆز و کۆبوونـەوەی بـاوەڕداران هـۆکارن بـۆ نیعمەتـی ژیانمـان. ئـەو باوەڕدارانـەی کـە لـە سـەرەتای باوەڕیانـدا فێـری ئـەم شـتانە دەبـن، باوەڕێکـی پتەویـان دەبێـت. خـودا ڕێکخسـتنی ڕۆحـی بـۆ تەندروسـتی ڕۆحیـمان بەکاردێنێـت. ئێمـە لـە کاتـی ئەنجامدانـی ئـەو کارانـەدا گەشـە دەکەیـن و پێدەگەیـن. ژیانمـان خـاو و بـێ بەرهـەم دەبێـت کاتێـک واز لـەو کارانـە دەهێنیـن.

بـەڵام ئایـا هەتـا ئێسـتا وەکـو نـەزم و ڕێکخسـتنی ڕۆحـی بیـرت لـە مزگێنیـدان کردووەتـەوە؟

«دۆناڵـد ویتنـی» کتێبێکـی زۆر جوانـی لەبـارەی نەزم و ڕێکخسـتنی ڕۆحییەوە نووسـیوە. پێـم وایـە تاکـە کتێبێکـە کـە بـە تایبەتـی ئامـاژە بـەوە دەکات کـە مزگێنینـدا پێویسـتی بەوەیـە وەکـو ڕێکخسـتنی ڕۆحـی مامەڵـەی لەگەڵـدا بکرێـت. لـە کتێبەکەیـدا دەڵێـت:

مزگێنیـدان کانیاوێکـی سروشـتی ژیانـی باوەڕدارانـە. ئێمـە دەبێـت هەسووسـان بتوانیـن باسـی ئـەوە بکەیـن کـە پـەروەردگار چـی بـۆ ئەنجـام داویـن و چـۆن لێـی دەڕوانیـن. بـەڵام مزگێنیـدان جۆرێکـە لـە نـەزم و ڕێکخسـتن لـەوەدا کـە دەبێـت خۆمـان ڕێـک بخەیـن بـۆ ئـەوەی بەشـداری لـە مزگێنیدانـدا بکەیـن، واتـە، تەنهـا چاوەڕێـی دەرفەتـی شـایەتیدان نەکەیـن.

عیسـا لـە (مەتـا ٥: ١٦)دا دەفەرموێـت: «با ئێـوەش ڕووناکیتـان بۆ خەڵک بدرەوشـێتەوە، تاکـو کـرداره باشـەکانتان ببینـن و ستایشـی باوکتـان بکـەن کـە لـە ئاسـمانە». بـا ڕووناکیـت بـۆ کەسـانی دیکـە بدرەوشـێتەوە لـەوە زیاتـر دەگرێتـەوە کـە هیـچ کارێـک مەکـە نـەوەک ڕووناکییەکـەت نەدەرەوشـێتەوە. بـەم جـۆرە لێکـی بـدەوە: بـا ڕووناکـی کارەکانـت لـە ژیانتـدا بدەرەوشـێتەوە. بـا بەڵگـەی گۆڕینـت کـە خـودا شـکۆدار دەکات، لـە دەروونتـدا تیشـک بداتـەوە. بـا دەسـت پـێ بـکات. شـوێنی گونجـاوی بـۆ تەرخـان بکـە.[a]

دواتـر دەڵێـت: «ئەگـەر خۆمـان بـە مەبەسـتی مزگێنیـدان ڕێـک نەخەیـن، ئـەوا زۆر بـە ئاسـانی دەتوانیـن بیانـوو بـۆ مزگێنینـەدان بهێنینـەوە».[b] ویتنـی بـاوەڕی وابـوو کـە دەبێـت پـلان و بەرنامەمـان بـۆ نـەزم و ڕێکخسـتنی خۆمـان هەبێـت؛ واتـە دەبێـت بـاوەڕداران لەنێـو خشـتەی بەرنامەکانـی ڕۆژانەیانـدا دایبنێـن.

خـودا نـەزم و ڕێکخسـتنێکی لـەم چەشـنە بەکاردێنێـت. لەوانەیـە یەکـەم جـار یەکسـەر دەرفەتـی شـایەتیدانمان بـۆ ڕێنەکەوێـت، بـەڵام کاتێـک بەپێـی تێپەڕبوونـی کات خۆمـان ڕێکدەخەیـن، دەبینیـن کـە لەگـەڵ کەسـێکی بێبـاوەڕدا خەریکـی گفتوگۆیەکـی بنیادنـەر و چاوکراوەیـن لەبـارەی عیسـا و هێـزی ڕزگارییەکـەی و ئـەوەی کـە دەتوانێـت بـۆ ئـەو کەسـانەی ئەنجـام بـدات کـە بەڕاسـتی ئـارەزووی ناسـینی ئـەو و لێخۆشـبوونەکەی دەکـەن.

---

a Donald S. Whitney, Spiritual Disciplines for the Christian Life (Colorado Springs: NavPress, 1991), 106.

b سەرچاوەی پێشتر، لاپەڕە ١٨٠.

٥. شوێنی نوێژ و نزاکردن

ئـەو وتەیـەم زۆر پـێ جوانـە کـە «چاڵـز سـپێرگن» گوتوویەتـی: «ئـەی پـەروەردگار، کەسـی هەڵبژێـردراو بپارێـزە و هەندێـک کەسـی دیکـە هەڵبژێـرە». ئـەو نوێـژ و داواکارییەم زۆر بـەلاوە جوانـە. ئێمـە نازانیـن خـودا کـێ بانـگ دەکات بـۆ لای خـۆی. کاتێـک نوێـژ بـۆ کەسـانی دیکـە دەکەیـن، وا دەکات ئـاگاداری ئـەم لایەنـە بیـن.

مـن بـۆ مـاوەی بیسـت سـاڵ نوێـژم بـۆ لینـدای خوشـکم کـرد، وە زۆری نەمابـوو کـۆڵ بـدەم و واز بهێنـم. بـەڵام خـودا لـە بەزەیـی و میهرەبانـی خـۆی، ئـەوی بـۆ لای خـۆی ڕاکێشـا. ئەمـە ئومێـدی ئـەوەی پێـدام کـە ئەندامانـی دیکـەی خێزانەکەمـان و هاوڕێکانـم کـە چەندیـن سـاڵە نوێژیـان بـۆ دەکـەم، ڕۆژێـک بـاوەڕ دێنـن.

بـەردەوام نوێـژ دەکـەم و دەڵێـم: «ئـەی پـەروەردگار، ڕێگـە مـەدە سـاڵێک تێپـەڕ ببێـت بەبـێ ئـەوەی کـە لـە ڕێگـەی منـەوە کەسـێک بـە بـاوەڕەوە بێـت بـۆ لای تـۆ». خـودا دڵسـۆزانە وەڵامـی ئـەو نزایەمـی داوەتـەوە. ئەگـەر خـودا تەمەنـی زیاتـرم لەسـەر زەوی پـێ بـدات، ئـەوا کاتێـک دەڕۆم بـۆ ئاسـمان پەنجـا شەسـت کەسـێک دەبینـم کـە لـە ڕێگـەی منـەوە باوەڕیـان هێنـاوە. چەنـدە دڵخـۆش دەبـم بـەوە!

بـەردەوام نوێـژ بـۆ ئەوانـە بکـە کـە مەسـیح ناناسـن بـۆ ئـەوەی بـاوەڕی پـێ بهێنـن. لـە کۆبوونەوەکانـی کڵێسـادا نوێـژ بکـە، لـە گروپـە بچووکەکانـدا، لـە کۆبوونەوەکانـی ماڵـەوە، لـە ڕووداوە تایبەتەکانـدا، وە کاتێـک بـە تایبەتـی وشـەی خـودا دەخوێنیتـەوە، نوێـژ بکـە. بـا ئەوانـەی لـە دەورتـن بزانـن کـە ڕزگاریـی ونبـووان لەسـەر دڵتـە و خستووتتە بـەردەم خـودا.

٦. ڕابەرایەتیی ڕۆحی

یەکێـک لـە توخمـە سـەرەکییەکانی کەلتـوری مزگێنیـدان بریتییـە لـە ڕابەریەتیـی کڵێسـا و کۆمەڵـەی بـاوەڕداران. ئەگـەر گرنـگ بێـت کـە هەمـوو ئەندامـەکان چـالاک بـن لـە مزگێنیدانـدا، ئـەوا دوو ئەوەنـدە گرنگـە کـە پیـران و قەشـەکان بـە فێرکـردن و بەنموونەکردنـی مزگێنیدانـدا ڕابەرایەتـی بـاوەڕداران بکـەن.

«دەیـڤ» کـە قەشـەی منـە لـە تەلارێکـی زۆر بـەرزدا لـە شـوقەیەکدا دەژی کـە دووکانێکـی گـەورە لـە تەنیشـتییەتی. پاسـەوان و کارگوزارەکانـی دووکانەکـە، هەموویـان بـە نـاو بانـگ دەکات؛ واتـە هەموویـان دەناسـێت. هەمـوو کاشـێرەکان دەناسـێت و تـەواوی

گارسۆنەکانی ئەو چێشخانەیەش دەناسێت کە زوو زوو نانی تێدا دەخوات. زوو زوو قژیشی چاک دەکات بۆ ئەوەی بتوانێت پەیوەندییەکی باش لەگەڵ سەرتاشەکە دروست بکات.

دەیڤ کەسێکی دەم بە خەندە و کراوەیە. لە دروستکردنی ئەو پەیوەندییانەدا، هاوڕێیەتییەکی ئاسایی تاکە ئامانجی دەیڤ نییە. نیگەرانی ئەو کەسانەیە و حەز دەکات مزگێنییان پێ بدات. زوو زوو بەو کەسانەم دەناسێنێت کە لە تەلاری شوقەکەی ئەودا دەژین و دێن بۆ کڵێسا بۆ ئەوەی گوێی لێ بگرن. ئینجا پێکەوە مزگێنی دەدەینە ئەو کەسانە. هەمیشە ئەم جۆرە گفتوگۆیانە بە دەرفەتێکی باش دەزانم بۆ مزگێنیدان.

یەکێکی دیکە لەو شتانەی کە ڕابەران دەتوانن بیکەن لە پاڵ فێرکردن و بە نموونەبووندا، ئەوەیە کە تەنها باسی مزگێنیدان بکەن. ئەگەر قەشەی، ئەوا گرنگە کە لە کاتی کۆبوونەوەی ستاف و پیراندا دەرفەتی پێویست وەربگریت و باسی ئەوە بکەیت کە چۆن هەوڵ دەدەیت مزگێنی بدەیت. بەدوای ڕێگە و دەرفەتدا بگەڕێ کە لە کۆبوونەوەی ڕابەرانی کڵێساکانی دیکەدا نوێژ بکەیت و هانیان بدەیت کە مزگێنیی بدەن.

لە کڵێسایەکدا سێمینارێکم لەسەر مزگێنیدان ڕێکخستبوو. قەشەکە لێی پرسیم کە چ شتێک گرنگترین بەشی ڕاهێنانی خەڵکە؟ منیش گوتم: «قسەکردن لەسەر مزگێنیدان لە هەموو شتێک گرنگترە».

بە سەرسامییەوە تەماشایەکی کردم.

منیش گوتم: «گاڵتە ناکەم، بەڕاستمە. بابەتەکە زۆر پەیوەندی بەوەوە نییە کە من دەیڵێم. شتە گرنگەکە ئەو کاتەیە کە تۆ بۆ بیرکردنەوە لە مزگێنیدان تەرخانی دەکەیت. ئەوانەی کە ڕۆژانە نوێژ بۆ هاوڕێ بێباوەڕەکانیان دەکەن و بیر لەوە دەکەنەوە کە چۆن مزگێنی بدەن، زۆر باشترە لەو قسانەی کە من دەیکەم. ئەوەی کە تۆی ڕابەر ئەم سێمینارەت ئەنجام داوە، کارێکی باش و گرنگت کردووە و پەیامێکی جوان ئاراستەی باوەڕداران دەکەیت.

قەشە پیتەر ناوبەناو داوا لە ئەندامەکانی کڵێسا دەکات کە باسی ئەزموونی مزگێنیدانیان لە چەند هەفتەی ڕابردوویاندا بکەن. کاتێک باوەڕداران زانییان کە

هەفتانە پرسیاریان لێ دەکرێت، نە تەنها دەهاتن بۆ کۆبوونەوەی هەفتانە و ئامادەی ئەوە بوون کە باسی ئەوە بکەن چۆن خودا بەکاریهێناون، بەڵکو وریاتر و چاوکراوەتر بوون بۆ ئەوەی هەفتانە دەرفەتی مزگێنیدان لەدەست نەدەن. ئەمە ڕێگایەکی سادەیە کە بە هۆیەوە دەتوانین مزگێنیدان چالاکانە بهێڵینەوە.

ئەگەر مزگێنیدان بابەتێکی چالاک و گرنگی کڵێسا بێت، ئەوا پێویستە باوەڕداران بەردەوام هان بدرێن، ڕاهێنانیان پێ بکرێت و بیر لە ڕابەرایەتی ماوە درێژیش بکرێتەوە. لەڕاستیدا قەشەگەلی وەکو پیتەر ئەم شتانەیان لەبەرچاو گرتووە.

لەم بەشەدا باسی ئامادەکارییە گرنگەکانی مزگێنیدان و بڵاوکردنەوەی باوەڕەکەمان کرد. ئەمە بابەتێکی گرنگ و هەستیارە. بەڵام ئامانجەکە ئەوە نییە کە ئامادە و تەیار بین، بەڵکو ئامانجەکە ئەوەیە کە لەگەڵ کەسانی دیکەدا باسی وشەی ژیان بکەین. بیرۆکەی گفتوگۆی لەم چەشنە دەبێتە بابەتی بەشی داهاتوومان.

بەشی پێنجەم

مزگێنیدان و بڵاوکردنەوەی باوەڕەکەمان

دوای چەند ساڵێک لە پێکهێنانی خێزان، کتێبێکم لەبارەی هاوسەگیرییەوە کڕی. دەبوا پێش پێکهێنانی خێزان ئەو کتێبەم بخوێندایەتەوە و بە دڵنیاییەوە لە سەرەتای ژیانی خێزانداریمان زۆر بەکەڵکم دەهات. بەڵام لەگەڵ ئەوەشدا، کاتێک گرتمە دەست، چوومە سەر پێرستی کتێبەکە و دەستم بە خوێندنەوەی ئەو بەشە کرد کە بەلامەوە سەرنجڕاکێش بوو.

ئەو بەشە بە شتێکی لەم جۆرە دەستی پێکردبوو: «ئەم بەشە ئەو بەشەیە کە زۆرێک لە ئێوە پێش بەشەکانی دیکە یەکەم جار ئەم بەشە دەخوێننەوە. بەڵام هانت دەدەم کە لە سەرەتاوە دەست بکەیت بە خوێندنەوە». بەڕاستی هیچی بۆ نەهێشتمەوە!

نووسەرەکە چۆن دەیزانی کە یەکەم جار ئەو بەشە دەخوێنمەوە؟ ئەو بەشە باسی سێکسی دەکرد.

دەبێت دانی پێدا بنێم کە ئەو بەشەی باسی سێکسی دەکرد لەم بەشە سەرنجڕاکێشترە کە باسی بڵاوکردنەوەی باوەڕەکەمان دەکات، بەڵام وای بۆ دەچم کە زۆرێک لە ئێوە پێش خوێندنەوەی بەشەکانی دیکە، بێنە سەر ئەم بەشە. ئەگەر تۆ یەکێکیت لەو کەسانە، ئەوا خۆزگە بە خۆت! چونکە پێت ناڵێم کە بگەڕێوە بۆ بەشەکانی دیکە و لە سەرەتاوە دەست پێ بکە.

من دڵخۆشم کە لێرەوە دەستت پێکردووە. هیوادارم کە بتوانیت پێناسەی مزگێنیدان و ئینجیل و باوەڕهێنان بەپێی کتێبی پیرۆز بکەیت. مزگێنیدانی بەرنامەڕێژکراو و کردەییت ڕەت کردووەتەوە و بانگهێشتێکی قایلکەرت لەبارەی مزگێنیدانەوە بینیوە. تۆ کڵێسا وەکو پلانی مەزنی خودا دەبینیت بۆ مزگێنیدان، پەرەدان بە کەلتوری مزگێنیدان لە چوارچێوەی کڵێسادا باشترین شتە کە بتوانیت بۆ ڕاگەیاندنی مزگێنیی مەسیح ئەنجامی بدەیت. وای بۆ دەچم کە خۆت ئامادە کردووە بۆ ئەوەی ببیتە مزگێنیدەرێکی نێودەوڵەتی، چونکە تۆ مزگێنی وەکو ڕێگای ژیان دەبینیت؛ هەرگیز

گریمانە و ئەگەر بۆ مزگێنی ناکەیت؛ مزگێنیدان وەکو نەزم و ڕێکخستنێکی ڕۆحی دەبینیت، وە نوێژ بۆ ئەو هاوڕێیانەت دەکەیت کە مەسیح ناناسن. ئەوانەن کە ڕابەر و قەشەن، لە ڕێگەی وتار و کردارەوە مزگێنیدان دەردەخەن.

کارێکی زۆر باش دەکەن. بێگومان ئەگەر هەریەک لەو خاڵانە چەمکێکی نوێن یان هەندێک بەلاتەوە ناڕوونە، ئەوا خراپ نابێت ئەگەر لە سەرەتاوە دەست بکەیت بە خوێندنەوە. هەر چۆنێک بێت، گەیشتووینەتە ئەم بەشە کە باسی عیسا دەکات.

وەکو باڵوێز قسە بکە

بەڕای من هیچ ڕێنماییەک لەسەر قسەکردن لەو ڕێنماییە باشتر نییە کە پۆڵس لە (دووەم کۆرنسۆس ٥: ٢٠- ٢١) ئاماژەی پێکردووە:

«ئێمە باڵوێزی مەسیحین، خوداش لە ڕێگەی ئێمەوە جیهان بانگهێشت دەکات، لەبری مەسیح لێتان دەپاڕێینەوە: لەگەڵ خودا ئاشت بنەوە. ئەوەی گوناهی نەدەناسی خودا لە پێناوی ئێمە کردییە گوناه، تاکو بە یەکبوون لەگەڵ مەسیحدا ببین بە ڕاستودروستی خودا».

پۆڵس داوامان لێدەکات کە هێزی پشت پەیامی مەسیحمان لەبیر نەچێت، کە ئەویش خودی مەسیحە. پێمان گوتراوە کە بەرپرسیاریەتی ئێمە ئەوەیە ببینە نوێنەری شانشینی خودا. ئێمە باڵوێزی عیسای مەسیحین. داوامان لێکراوە کە خەڵکی جیاواز ببینین؛ واتە، بە شێوەی دنیایی و مرۆڤانە چاو لە کەسانی دیکە نەکەین؛ دەبێت بیانناسین و خۆشمان بوێن، وە لەوە تێبگەین کە ئەوان گوناهبارن و پێویستیان بەوەیە لەگەڵ خودا ئاشت ببنەوە.

پێویستە بە دروستی لە پەیامەکە تێبگەین. وەکو دەزانین باڵوێزەکان دەسەڵاتی گۆڕینی پەیامیان نییە؛ کاری ئەوان ئەوەیە کە پەیامەکان وەکو خۆیان و بە دروستی بگەیەنن. ئێمەش بە هەمان شێوە نابێت هیچ وشەیەک بۆ پەیامی مەسیح زیاد و کەم بکەین. دەبێت بە دروستی پەیامەکە بگەیەنین بۆ ئەوەی گوناهباران بتوانن لەگەڵ خودای پیرۆز ئاشت ببنەوە، کە دروستکەری گەردوونە، ئەوەی کە خاوەنی ئێمە و هەموو ئەو شتانەیە کە لە دەوروبەرمانە. سەرەڕای ئەو ڕاستییەی کە گوناهەکەمان لەبەردەم خودا خراپە، ڕێگایەکی بۆ ڕزگاریی مرۆڤەکان دەستەبەر

کـرد کاتێـک گوناهەکانمانـی خسـتە سـەر ئـەو کەسـەی کـە بێگونـاه بـوو و لـە جێگـەی ئێمـە لەسـەر خـاچ سـزای خـودای چێـژت. خـودا ئەمـەی کـرد بـۆ ئـەوەی بەهـۆی یەکبوون لەگـەڵ مەسـیح ببینـە ڕاستودروسـتیی خـودا. ئێمـە لەگـەڵ خـودا ئاشـت دەبینـەوە ئەگـەر بـاوەڕ بـە مەسـیح بهێنیـن و تۆبـە بکەیـن و بـە بـاوەڕەوە بـەرەو ڕووی بڕۆیـن. ئەمـە ئـەو پەیامەیـە کـە پێـمان دراوە بـۆ ئـەوەی بـڵاوی بکەینـەوە.

دەبێـت پەیامەکـە وەکـو خـۆی بگەیەنیـن بەبـێ لەبەرچاوگرتنـی ئـەو کێشـە و گرفتانەی کـە ڕووبەڕوومـان دەبێتـەوە، ئـەو وزە و ئێنێرژییـەی کـە پێویسـتە خەرجـی بکەیـن، وە ئـەو شـەرمەزارییەی کـە دەبێـت قبوڵـی بکەیـن. کاری باڵوێـزەکان ئەوەیـە کـە پەیـام بگەیەنـن. بۆیـە هـاوار دەکەیـن و دەڵێیـن: «لەگـەڵ خـودا ئاشـت ببنـەوە». لەوانەیـە وا هەسـت نەکەیـن کـە نوێنـەری شانشـینی خودایـن، بـەڵام لـە ڕاسـتیدا نوێنـەری شانشـینی خودایـن. ئێمـە لـە قەڵەمڕەوی ڕۆحیـدا بـەم جـۆرە دەبینرێیـن؛ بەڕاسـتی ئەمـە ڕاسـتییەکی سەرسـامکەرە.

بێگومـان دەتوانیـن باڵوێزێکـی بـاش یـان خـراپ بین. ئەگـەر تۆ ئـەم کتێبـە دەخوێنیتەوە، پێـم وایـە کـە دەتەوێـت ڕۆڵێکـی بـاش بگێڕیـت، کەواتـە بـا پێکـەوە تەماشـای چەنـد ڕێگایـەک بکەیـن بـۆ ئـەوەی باشـتر بیـن لـەو کارەی کـە بانـگ کراویـن بـۆی.

باڵوێزەکان و ڕێگاکانیان: بیرکردنەوە لە ڕێگەی گفتوگۆکانەوە

نامەیەکـم بەدەسـت گەیشـت کـە زۆر کاری تێکـردم. کاتێـک دەیخوێنیتـەوە، بیـر لـەوە بکـەوە چ کاردانەوەیەکـت دەبوو:

مایکی ئازیز،

ماوەیەکـە نوێـژ بـۆ «کاندیـس» دەکـەم بـۆ ئـەوەی خـودا دەرفەتـم پـێ بـدات مزگێنـی پـێ بـدەم. بـا هەندێـک باسـی پێشـینەی کاندیسـت بـۆ بکـەم: ئـەو لـە خێزانێکـی کاتۆلیـک گـەورە بـووە، بـەڵام ئێسـتا ناچێتـە کڵێسـا. هاوڕەگەزخـوازە و چـوار منداڵـی هەیـە. منداڵەکانـی هـی هاوسـەرەکەیەتی بـەڵام زۆرتـر ئـەم چاودێرییـان دەکات و ئـاگای لێیـان دەبێـت. دایکـی کاندیـس شـێرپەنجەی هەیـە و هـەزاران کیلۆمەتـر لـەم دوورە. بیسـت و پێنـج سـاڵە کاندیـس دەناسـم و ئـەوە دوو ساڵیشـە کاری بـۆ دەکـەم. ئـەو دەزانێـت کـە مـن

باوەڕێکی پتەوم هەیە و بە گشتی ڕێزێکی زۆرم لێ دەگرێت. داوام لێ کرد نوێژی بۆ بکەم و ئەویش قبوڵی کرد، وە لە ڕووی مادییەوە هاوکاریم دەکات بۆ ئەوەی بچم و گەشتێکی مزگێنیدان ئەنجام بدەم.

چەند ڕۆژێک لەمەوپێش کاتێک باسی ئەوەی بۆ دەکردم کە سەردانی دایکی کردووە، دەستی کرد بە گریان. هەرگیز لە کاتی گریاندا نەمبینیبوو. کاتێک ڕووبەڕووی دانیشتبووم، بیرم لەوە دەکردەوە کە چۆن باسی مزگێنیی مەسیحی بۆ بکەم بۆ ئەوەی هەندێک لە خەمەکەی کەم بکەمەوە و ڕێگایەک بدۆزمەوە تاکو باسی بەها هەتاهەتاییەکانی بۆ بکەم، نەوەک وا دەربکەوم کە هیچ هەست و سۆزێکم نییە. لە کۆتاییدا شتێکی ئەوتۆم لەسەر بەهای جاویدانی باس نەکرد. تەنها هەوڵم دا کە هەندێک ئاسوودەی بکەم بۆ ئەوەی بتوانێت لەبەردەم من بگرییێت و دووپاتی بکەمەوە کە لە بارودۆخەکەی تێدەگەم و درکی پێ دەکەم. پێم وایە دەمتوانی باشتر بم.

پاشان کاتێک بیرم لەو حاڵەتە کردەوە، خۆزگە شتێکی وەکو ئەمەم پێ بگوتبا: «ئەم ئازارەی کە ئێستادا دەیچێژیت لە جیهانێکی وێران و پڕ لە گوناه و نەخۆشیدا شتێکی ئاساییە. جیهان وێران بووە و کاتێک خودا هەموو شتێک لەگەڵ خۆی ئاشت دەکاتەوە، جیهان گۆڕانکاری بەسەر دێت». پێم وایە دوودڵ بووم لە گوتنی شتێکی ئەوها، چونکە نەمدەویست ئەویش وەکو زۆربەی کەسانی دیکە پێی وا بێت کە بۆ ئاشتبوونەوە لەگەڵ خودا پێویست ناکات هیچ شتێک بکات. ئایا دەبوا هەر پێم گوتبا؟ دەبوا شتێکی دیکەم بگوتبا؟

لەگەڵ ڕێزم،

کیم

ئەوانە پرسیارگەلێکی سەختن. من بەم جۆرە وەڵامم دایەوە:

کیمی ئازیز،

پێش هەموو شتێک، ئەوەی کە وا لە کەسێک بکەیت بە ئاسوودەیی لە لات بگرییێت، بەڕاستی شتێکی گەورەیە، بەڵام دەزانم چ هەستێکت هەیە، ئەو هەستەیە کە دەزانین ئێمە شتێکی زۆر بەهادارمان هەیە و ئەگەر تەنها بمانتوانیبا ئەو هێزی

دڵنەواییە بە بەرامبەرەکەمان بگەیەنین و هەموو دیوارەکانی چواردەوری دڵی بڕوخێنین، ئەوا زۆر باش دەبوو، چونکە ئەو کاتە ئەو کەسەیان دەناسی کە ڕۆژێک هەموو فرمێسک و دڵتەنگییەکانمان لادەبات. وە دڵتەنگییەکە لەوەدایە کە دەزانین ئەو کەسانە زۆر لە ڕاستییەوە نزیکن - «ڕاستییەکە لەنێو دڵماندایە و منیش ڕێک لە تەنیشتت دانیشتووم» - بەڵام بەداخەوە ناتوانن ببینن.

بەڵام ئەگەر زیاتر لەسەر بابەتەکەی کاندیس بدوێم، ئەوا دەتوانم بڵێم کە لەوانەیە خودا لە ڕێگەی شایەتیدانی تۆوە ئەو سنوورانە لە دڵیدا لادەبات کە لە دژی مەسیح دانراون. بێگومان من نازانم کە ڕۆحی پیرۆز چ کارێک دەکات، بەڵام لەوانەیە دڵدانەوەی ئەو باشترین شت بووبێت کە لەو کاتەدا توانیبێتت ئەنجامی بدەیت.

ئەوەی کە ئێستا لە مێشکی مندایە ئەوەیە کە تۆ بەردەوام بیت لە قسەکردن لەگەڵیدا. ئایا دەتوانیت لەگەڵ کاندیس قاوە یان نانێک بخۆن و هەندێک گفتوگۆ بکەن؟ من بم لە جێگەی تۆ شتێکی لەم جۆرەی پێ دەڵێم: «حەز دەکەم لە کاتی خواردنەوەی قاوەدا گفتوگۆیەکی ڕۆحیت لەگەڵدا بکەم؛ ئایا ئەوەت بەلاوە ئاساییە؟» بەپێی ئەزموونی من، کاتێک خەڵکی لەوە دڵنیا دەکەینەوە کە دەکرێت باوەڕ ببێتە مایەی دڵڕەنجانیان، بە گشتی کراوە دەبن بۆ گفتوگۆ.

لە کاتی قاوە خوارنەوە یان نان خواردندا، ئەو شتە دەڵێم کە تۆ گوتت و زۆرم بەدڵ بوو: «ئەم ئازارەی کە ئێستا دەیچێژیت لە جیهانێکی وێران و پڕ لە گوناە و نەخۆشیدا شتێکی ئاساییە». بە دڵنیاییەوە هانت دەدەم کە ئەوەی پێ بڵێی، بەڵام پاشان، جارێکی دیکە داوای ڕوخسەتی لێ بکە کە دەتەوێت پێی بڵێی خودا جیهانێکی وێران و گوناهبار لەگەڵ خۆی ئاشت دەکاتەوە: کاندیس، ئایا دەکرێت پێت بڵێم کە چۆن خودایەکی پڕ لە خۆشەویستی لە جیهانێکی وێران لەگەڵ خۆی ئاشت دەکاتەوە؟» پاشان بڵێ: «کاندیس، بەڕاستی فرمێسکەکانت کاری تێکردم، وە کاتێک بیرم کردەوە، بە پێویستم زانی کە ئاگادارت بکەمەوە لەوەی کە پەیوەست بە بارودۆخی تۆ نەمتوانی هیچ شتێک لە پەیامی مەسیح گرنگتر پەیدا بکەم». یان پێی بڵێ: «دەزانم، بابەتی ئایینی دەبێتە مایەی چەلەحانێ، بەڵام لە دوو هەزار ساڵی ڕابردوودا، خەڵکی پەیامی مەسیحیان بە کلیلی تێگەیشتنی ژیان و مردن زانیوە، بۆیە حەز دەکەم لەم بارەوە قسە بکەین». یاخود دەتوانیت پێی بڵێی: «کاندیس،

تۆ دەزانیت کە من باوەڕم بە خودای سەر خاچ هەیە، واتە ئەو خودایەی کە لەپێناو ئێمەدا مرد. وە بە ڕادەیەک ئەم بابەتە پەیوەندی بە حاڵەتی تۆوە هەیە، کە حەز دەکەم باسی عیسات بۆ بکەم». دەتوانیت شتێکی لەم چەشنەی پێ بڵێی، یاخود تێکەڵی هەرسێ نموونەکە. تۆ باشتر دەزانیت کە لەو کاتەدا چی بڵێیت، بەڵام ئامانجەکە ئەوەیە کە بە دروستی مزگێنی پێ بدەیت، کە پڕە لە بەها و بایەخی هەتاهەتایی و یارمەتی دەدات درک بە گرنگترین پێویستی بکات، ئەویش ئەوەیە کە تۆبە بکات و باوەڕ بهێنێت.

لە لایەکەوە، حەزم دەکرد دایکی گوێی لە پەیامێکی ڕوونی ئینجیل بووایە، ئەگەر پێشتر نەیبیستبێت، بەڵام من لە سەرووی ئەو شتەوە دەڕوانم کە تۆ پێت گوتم. دەڵێم، قسە قسە دێنێت، خراپ نابێت ئەگەر کتێبەکەی «سام ئاڵبێری» بخوێنیتەوە بە ناوی «ئایا خودا دژە ڕەگەزخوازە؟»

برات،
ماک

ئەم گۆڕینەوەی نامانە، هەندێک بنەمای سەرەکی ئاشکرا دەکات کە کاتێک لەبارەی باوەڕەوە لەگەڵ کەسانی دیکەدا قسە دەکەم، پێشتیان پێ دەبەستم. ئەمانە هەندێک لەو بنەمایانەن:

- لە کاتی مزگێنیداندا، پشوودرێژ بە. سەرنجم داوە کە لە کاتی مزگێنیداندا دەترسم، چونکە دەکرێت بە چەندین هۆکار بە هەڵەدا بچم. دەکرێت پەیامەکە بگۆڕم. دەکرێت ئەو کاتەی کە دەبێت قسە بکەم، بێدەنگ بم. دەکرێت شتگەلێک بڵێم کە پاشان گێلانە بێتە پێش چاوم. بەڵام گرنگە کە بزانیت تەنانەت هەڵەکانت وات لێدەکەن ببیتە باڵوێزێکی باشتر.
- لە شوێنی خۆیان سەردانی خەڵکی بکە.
- بەدوای دەرفەتدا بگەڕێ. لێرەدا بەڕاستی کەلتوری مزگێنیدان هاوکاریمان دەکات. کاتێک ئەندامانی کڵێسا باسی ئەو دەرفەتانە دەکەن کە لە دەوروبەریاندا دیویانە، لەوانەیە ئەندامانی دیکە دەرفەتی بەشداریکردنی بدۆزنەوە.

- کەسێکی پڕ لە بەزەیی و خاوەنی دڵێکی نەرمونیان بە بەرامبەر کەسانی دیکە. بیرت نەچێت کە تۆ کەسێکی گوناهباریت. بێفیزی دەبێتە مایەی ستایش و بەرزڕاگرتنی مزگێنیی مەسیح.
- بیرت بێت کە ئێمە وەڵامی پرسیارە گرنگەکانی ژیانمان لەلایە. ئەوە شتێکە کە تۆ دەتوانیت بیبەخشیت. کاتێک ڕاستییەکانی ژیان سنوورە دەستکردەکانی دەبڕێت کە بوونەتە هۆی دوورخستنەوەی خەڵک لە خودا، لەو کاتەدا دەتوانیت ڕووناکی مزگێنی بدرەوشێنیتەوە. ڕووناکییەکە لەژێر تەشتدا مەشارەوە.
- تیشک بخەرە سەر ئاشتبوونەوەی خەڵکی لەگەڵ خودا، نەک ڕەوشت و ئاکار.
- بە ئامانج و بەرنامەوە قسە بکە. پلان بۆ قسەکانت دابڕێژە. ئەمە وا دەکات شتی سوودبەخش بڵێیت، نەک شتی نامۆ بڵێیت و بەو هۆیەوە دڵی بەرامبەرەکەت بڕەنجێنیت.
- دان بەوەدا بنێ کە دەیزانیت و دانیش بەوەدا بنێ کە نایزانیت. ئەو دەستەواژەیەی کە «کیم» بەکاریهێنا «جیهانێکی پڕ لە گوناە و نەخۆش»، داننانە بەو ڕاستییەی کە لە دەوروبەرماندا دەیبینین. باوەڕداران باش لەم جیهانە تێدەگەن، چونکە دەزانن چۆن وای لێهاتووە. هەروەها بۆم دەرکەوتووە کە باش دەبێت ئەگەر دان بەوەدا بنێی کە هەمیشە نازانیت بۆچی خودا بەو جۆرە هەڵسوکەوت دەکات کە دەیکات.
- باش دەبێت ئەگەر پێشوەخت بەرامبەرەکەت ئاگادار بکەیتەوە لەوەی کە دەتەوێت باسی پەیامی مەسیحی بۆ بکەیت.
- پرسیاری زۆر بکە و هاوکات گوێگرێکی باش بە.
- ئەگەر باسی کێشەیەکی دیاریکراوی کەسێک دەکەیت، ئەوا زۆر باش دەبێت کە بە مەبەستی شارەزابوونی باشترت لەگەڵ ئەو بارودۆخە، کتێبێک بخوێنیتەوە یان لەگەڵ کەسێک قسە بکەیت کە شارەزای ئەو کێشەیەیە.

باڵوێزەکان دەبێت بوێر و ڕوون بن

ئەگەر لەبەر مزگێنیدان بخرابامە زیندانەوە، ئەوا داوام لە هاوڕێکانم دەکرد کە نوێژم بۆ بکەن بۆ ئەوەی لە زیندان بێمە دەرەوە. ئەگەر پۆڵس لە زینداندا داوای کرد کە نوێژی بۆ بکەن بۆ ئەوەی بوێر و ڕوون بێت لەگەڵ پەیامی مزگێنیدا (ئەفەسۆس ٦: ١٩؛ کۆلۆسی ٤: ٣- ٤).

پێم وایە بوێریی گرنگترین پێکهاتەی مزگێنیدانە، لانی کەم لە ئەمریکا. ئێرە ئەو شوێنەیە کە دەتوانین لەو خوشک و برایانەمانەوە فێر بین کە لەو ناوچانەدا ژیاون کە هیچ ئازادییەکی ئایینی تێدا نەبووە.

یەکەم جار لە دوبەی کەسێکی ئێرانیم ناسی بە ناوی «فەرشید» کە بەشداری لە خزمەتی قوتابییانی ئێمەدا کرد. پێکەوە دانیشتبووین کاتێک «نیسین» دەستی کرد بە قسەکردن. نزیکەی سی قوتابییەک لە ژوورەکەدا بوون. کاتێک نیسین قسەی دەکرد، هەستم کرد کە فەرشید ئاسوودە نییە. ئینجا سەری لە من نزیک کردەوە و گوتی: «ماک، ئەو کوڕە وتاربێژێکی زۆر باشە، بەڵام کەی دەچێتە سەر مزگێنیی مەسیح؟»

لە کۆتاییدا بۆم دەرکەوت کە بۆچی فەرشید ئاسوودە نەبوو. ئەو دەیویست کە بە ڕوونی مزگێنیی بە قوتابییەکان بدرێت. منیش پێم گوت: «نیگەران مەبە، براکەم. هەرگیز نەمدیوە نیسین پەیامی ژیان پشتگوێ بخات؛ ئێستا باسی دەکات». بێگومان باسی کرد: نیسین ڕایگەیاند کە مەسیح گوناهبارانی ڕزگار کردووە. لەو کاتەدا، فرمێسک لە چاوەکانی فەرشیدا پەنگی دەخواردەوە. بۆی دەرکەوتووە کە ئەوانەی لە پێشینەیەکەوە هاتوون کە زۆربەی کەسەکان ڕقیان لە خاچی مەسیحە، زۆرتر مەسیحیان خۆشدەوێت.

ساڵی داهاتوو، لە باشوری ئەفریقا لە کۆبوونەوەیەکی گەورەدا نانی نیوەڕۆم لەگەڵ فەرشیدا خوارد. پێی گوتم کە بارودۆخی ئێران بەرەو خراپی دەڕوات و هەست دەکات کە بە زوویی دەستگیر دەکرێت - تەنها لەبەر ئەوەی لە کاتی مزگێنیداندا بوێر و ڕوون بووە. ئەو شوێنە ئارامەی بەجێهێشت و گەڕایەوە بۆ تاران. بەڕاستی برایەکی بوێر و ئازا بوو.

لە کریسمەسدا، فەرشید دەستبەسەر کرا. تۆمەتەکەی ناپاکی بوو دژی کۆماری ئیسلامیی ئێران، لە ڕاستیدا تۆمەکەی ئەوە بوو کە شایەتێکی دڵسۆزی مەسیح بوو.

شەش ساڵ حوكمی زیندانی بەسەردا درا. ژن و دوو منداڵەكەی ئێرانیان بەجێهێشت و ڕۆیشتن بۆ توركیا و لە كەمپێكی پەنابەراندا نیشتەجێ بوون. فەرشید لە زیندانی ئەڤین دەستبەسەر كرا. لەوێدا نامەیەكی ناردبووە دەرەوە و داوای لە هاوڕێكانی كردبوو كە نوێژی بۆ بكەن بۆ ئەوەی بوێرانە و بە ڕوونی مزگێنی بدات، وە ئەوەی كە بەردەوام بەهۆی مەسیحەوە دڵخۆش و شاد بێت.

زۆرێك لە ئێمە ڕووبەڕووی كێشە و چەڵەمەیەكی لەم چەشنە نابینەوە. بەڵام فەرشید عیسا و ئینجیلی خۆشدەویست. ئەویش وەكو پۆڵس هەموو شتێك بە زیان دەزانێت لەبەر بەرزی بەهای ناسینی عیسای مەسیحی خاوەن شكۆ (فیلیپی ٣: ٨). ئەو بەردەوام بوێرانە و بە ڕوونی باسی پەیامی ڕزگاری مەسیحی بۆ كەسەكانی دەوروبەری دەكات.

هیوادارم ئەم چیرۆكەی فەرشید ببێتە مایەی دڵخۆشی و هاندانت بۆ ئەوەی تۆش لە ئاست خۆتەوە بوێرانە و بە ڕوونی مزگێنی بدەیت. كتێبی پیرۆز داوامان لێدەكات ئەوانەمان لەبیر بێت كە بوێر و دڵسۆز بوون و شوێن نموونەكانی ئەوان بكەوین.

باڵوێزەكان دەبێت باوەڕیان بە پەیامەكە هەبێت و بۆ وەڵامدانەوە متمانە بە مەسیح بكەن

چوار كەس لە ئێمە لەبەردەم بەشی وەرگرتنەوەی شتومەك لە فڕۆكەخانەیەكی شیكاگۆ وەستابووین. بە مەبەستی كۆبوونەوەی پەیوەست بە ئیش و كارێكی گرنگ هاتبووین بۆ شیكاگۆ. لە ڕاستیدا كۆبوونەوەكە پێشوەخت و بەر لە گەشتنی ئێمە بە هۆتێلەكە دەستی پێكردبوو. كاتێك چووینە نێو تەكسییەكەی ئیبراهیمەوە خەریكی گفتوگۆ بووین.

كاتێك قسەمان لەسەر سیاسەتی جێبەجێكاری دەكرد، ئیبراهیم ڕووی لە من كرد و پێی گوتم: «دەزانی ئەم جیهانە زۆر خۆشە!» تەماشایەكیم كرد و هەوڵم دا لە مەبەستەكەی تێبگەم.

ئینجا بە جۆرێك ئاماژەی بۆ ناوشاری شیكاگۆ كرد كە ئۆتۆمبێلەكە لەسەر هێڵی خۆی لایدا، پاشان گوتی: «ئەڵڵا ئەم هەمووە شتەی دروست كردووە. من گێلانە سەرێكم تەكان دا و خۆزگەم دەخواست كە لە پشتەوە دانیشتبام.

«بەڵام ئەوەی کە زۆر سەرنجڕاکێشە دەربارەی ئەڵڵا ئەوەیە کە هەموو کارەکانی ئێمە تۆمار دەکات».

منیش پێم گوت: «وایە، هاوڕام. هەوڵم دا لە حاڵ و هەوای بەڕێوەبەربوون بێمە دەرەوە، ئینجا گوتم: «من باوەڕداری مەسیحم، وە منیش باوەڕم وایە کە خودا هەموو شتێک تۆمار دەکات».

ئینجا گوتی: «دەزانی جیاوازی من و تۆ چییە؟» هەستم کرد کە ئەمە پرسیارێکی ڕاستەقینە نییە.

«تۆ باوەڕت وایە کە عیسا خودایە، وە من باوەڕم وایە کە ئەو پێغەمبەرە». ئیبراهیم بوێرانە وەکو مزگێنیدەرێکی ئیسلامی قسەی دەکرد.

«وایە ئەوەش ڕاستە.» ئینجا ئەمە بووە هۆی هاندانی ئیبراهیم و دەستمان کرد بە گفتوگۆیەکی یەزدانناسی کە هەتا نزیک هۆتێلەکە بەردەوام بوو.

بەڵام کە گەیشتینە هۆتێلەکە، ئیبراهیم بێدەنگ بوو، چونکە خەریکی پڕکردنەوەی فۆرمی کارتی بانکی بووم. ئینجا لە کۆتاییدا دەرفەتی ئەوەم بۆ ڕەخسا کە قسە بکەم. «شتێک دەزانی ئیبراهیم؟ هاوڕام لەسەر ئەوەی کە موسڵمانان و مەسیحییەکان باوەڕیان بەوە هەیە کە گوناهەکانیان تۆمار دەکرێن، بەڵام موسڵمانان پێیان وایە گوناە بە کاری باش کەم دەبێتەوە، لە کاتێکدا ئێمەی مەسیحی پێمان وایە کە عیسا لە ڕێگەی باوەڕەوە لە گوناهەکانمان خۆش دەبێت. بە ڕای من ئەوە گەورەترین جیاوازیی نێوانمانە. لەبەر ئەمەیە کە من عیسام خۆشدەوێت: ئەو گوناهەکانمان لە دژی کارە باشەکانمان بەکارناهێنێت؛ ئەو لە گوناهەکانمان خۆش دەبێت چونکە باجەکەی داوە».

ئیبراهیم تەماشایەکی سەقفی ئۆتۆمبێلەکەی کرد و گوتی: «هممم». ئینجا یارمەتی دام کە جانتاکانم بهێنمە خوارەوە. کاتێک کە ڕۆیشت، بیرم لەوە دەکردەوە ئاخۆ لە قسەکەم تێگەیشتووە یان نە. ئایا دەبوا شتی زۆرترم پێ گوتبا؟ لە ناکاو، ئۆتۆمبێلەکەی ڕاگرت و سووڕایەوە و بەرەو لای ئێمە هاتەوە. لە دڵی خۆمەوە گوتم: «وا دیارە قسەکانم کاری خۆیان کردووە. دڵنیام ئێستا لەبارەی مەسیحەوە پرسیارم لێ دەکات، یان لەبارەی لێخۆشبوونەوە». ئامادەی ئەوە بووم کە ئەم کەسە بەرەو مەسیح ببەم.

بەڵام نەخێر، من تەنها فۆڕمەکەم لەنێو ئۆتۆمبێلەکەیدا بەجێهێشتبوو. ئیبراهیم بە بزەیەکەوە فۆڕمەکەی پێدامەوە. دڵخۆشم کە ئەو موسڵمانێکی باش و ڕاستگۆ بوو. بەڵام کاتێک بۆ دووەم جار تەماشام کرد، دیسان هەستم بە شکستخواردن کرد، چونکە بەپێی پێویست مزگێنیم پێ نەدا. خۆزگە شتی زیاترم لەبارەی ئینجیلەوە پێ گوتبا، یان بە شێوەیەکی باشتر پێم گوتبا.

بەڵام کاتێک کە بیرم لێ کردەوە، ئەوەی کە دەمتوانی بیڵێم یان دەبوا بیڵێم کێشەکە نییە. ئەوەی کە گوتم ڕاست بوو، وە باوەڕ و متمانەم وایە کە خودا ئەوە بەکاردێنێت، نەک تەنها بۆ ئیبراهیم، بەڵکو بۆ منیش. خودا منی خۆشدەوێت و دڵخۆشە بەوەی کە مزگێنیم داوە. ئەو گوناهەکانم، یان شکست و هەوڵە سەیر و سەمەرەکانم لە دژی خۆم بەکارناهێنێت. وە ئەگەر بڕیار بدات کە ئیبراهیم بەرەو باوەڕ بهێنێت، هۆکارەکەی ئەو شتانە نابێت کە من پێم گوت، بەڵکو تەنها بەهۆی نیعمەتی خۆیەوە دەبێت.

ماوەیەکی خایاند هەتا توانیم مێشکم بخەمەوە کۆبوونەوەی ئیش و کارەکەم، چونکە بەهۆی لێخۆشبوون و خۆشەویستیی خودا زۆر دڵخۆش بووم. دەوڵەمەندیی مەسیح لە ژیانمدا زۆرتر لە ڕاستیی دەچوو، چونکە باسی باوەڕەکەم کردبوو. نازانم ئاخۆ قسەکردن لەگەڵ ئیبراهیم بووەتە هۆی گۆڕینی یان نە، بەڵام وەبیری هێنامەوە کە ئەم بابەتە هەمووی پەیوەندی بە یەک شتەوە هەیە: ژیان لەگەڵ مەسیحدا باشترە لە کۆبوونەوەیەکی پلاندانان. وە نیعمەتی خودای لە ژیانی خۆمدا بەبیر هێنایەوە. ئایا پێش ئەوەی کە بە ئیبراهیم بڵێم دەمزانی کە خودا لێم خۆشبووە؟ بێگومان. بەڵام باسکردنی نیعمەت بۆ کەسێک کە بەڕاستی باوەڕی بە ڕاستودروستی هەیە لە ڕێگەی کار و کردەوەوە، وای کرد ئەو نیعمەتە زیاتر لە دڵمدا ڕۆ بچێت. ئەمە شتێک نییە کە تەنها لە ڕێگەی بیر و هزرەوە درکی پێ بکەم. نوێژ دەکەم و لە یەزدان دەپاڕێمەوە کە ڕۆژێک ئیبراهیم هەمان ئەم ئومید و خۆشییەی بۆ دەربکەوێت.

باش دەبێت کە لەبیرمان بێت ڕزگاری کاری ڕۆحی پیرۆزە. ئێمە هەوڵ دەدەین زیرەک و بوێر و ڕوون بین کاتێک مزگێنی دەدەین، بەڵام خودا دەرەنجامەکان دێنێتە کایەوە. بەم هۆیەوە دەتوانین ئارام بگرین و بحەسێینەوە.

نابێت باڵوێزەکان بێ ئومێد بن

پۆڵس لە (دووەم کۆرنسۆس ٤: ١)دا دەڵێت: «لەبەر ئەوەی بەهۆی بەزەیی خوداوە ئەم خزمەتەمان هەیە، بێ هیوا نابین». دەبێت ئەم ئایەتە بەبیر خۆمان بهێنینەوە کاتێک وەسوەسەی ئەوە ڕوومان تێدەکات کە وا هەست دەکەین مزگێنیدانەکانمان سوودی نییە.

لە یەکێک لە گەشتەکانماندا لە فڕۆکەخانەی «سینسیناتی» چاوم بە کەسێک کەوت بە ناوی «کرێگ». ئەو سەردانی کڵێساکەمانی دەکرد. ئەو خۆی وەکو بێباوەڕ ناساندبوو کە حەز دەکات لێکۆڵینەوە لە باوەڕی مەسیحییەت بکات. بەڵام ئەوەندەی کە من سەرنجم دابوو ئەو زۆرتر حەزی لە کۆمەڵەی باوەڕداران بوون نەک باوەڕی مەسیحییەت. بینینی کرێگ لە ڕێکەوتێکی نائاسایی دەچوو، بۆیە داوام لێکرد کە پێکەوە دابنیشین و قاوەیەک بخۆینەوە.

پێی گوتم کە دایکی ماوەیەکی زۆر بوو نەخۆش کەوتبوو و زۆر نییە کۆچی دوایی کردووە. ئەمە ئەو هەستەمی پشڕاست کردەوە کە بینینی کرێک ڕێکەوتێکی نائاساییە: خودا لە ژیانی کرێگدا دەستی بە کار کردبوو، وە خۆم ئامادە کردبوو کە باسی عیسای مەسیحی بۆ بکەم. لە دڵی خۆمەوە گوتم: «کێ دەزانێت؟ لەوانەیە نۆبەی ئەم بێت».

ئەو شتانەم کرد کە دەبێت بکرێت. دڵتەنگی خۆم بەهۆی مردنی دایکییەوە ڕاگەیاند و لە بارودۆخی خۆیم پرسی. کاتێک گوێم لێ دەگرت، نوێژم کرد و وا هەستم دەکرد کە کۆبوونەوەکەمان هەموو نیشانەیەکی خودایی تێدا دەبینرێت. بەڵام کاتێک لێم پرسی ئاخۆ لێکۆڵینەوەکەی لەبارەی مەسیحییەتەوە بە کوێ گەیشتووە، چووە حاڵەتی بەرگرییەوە. گفتوگۆیەکی جوان و باشمان هەبوو، بەڵام لە ئاستی ڕۆحییەوە بێ سوود بوو.

کاتێک کە بەجێی هێشتم، دانم بەوەدا نا کە منیش نیگەرانم. ماندوو ببووم لەوەی کە بە خەڵکی ماندوو بڵێم پێویستیان بە گەنجینەیە، بەڵام ئەوان نەیانەوێت و ڕەتی بکەنەوە. ماندوو بووم لەوەی کە دەترسام ڕەت بکرێمەوە. و لە هەمووی زیاتر ماندوو بووم لەوەی کە وا هەستم دەکرد نابێت ئەو هەستەم هەبێت؛ هەستێک کە هەندێک کات وای لێدەکردم واز لە مزگێنیدان بهێنم.

پێش ئەوەی کە ئەو ماندووبوونە بە تەواوی دامبپۆشێت، یەزدانی مەزن ئایەتێکی سیپارەی فیلیمۆنی خستە پێش چاوم کە پێشتر سەرنجم نەدابوو: «نوێژ دەکەم کە باوەڕی هاوبەشمان کاریگەر بێت لە زانینی هەموو چاکەیەک کە لە پێناوی مەسیحدا بەشداری دەکەین» (فیلیمۆن ٦).

پۆڵس لێرەدا زیاتر لە مزگێنیدانی لە مێشکدایە. لەگەڵ ئەوەشدا نوێژەکەی ئەوەیە کە چالاکانە مزگێنی بدەین. بەڵام سەرنجی ئەوە بدە کە هۆکارەکەی کاردانەوە یان کاریگەریی ئێمە نییە. پۆڵس باسی شتێکی زۆر ناوازە دەکات: مزگێنیدان بۆ ئێمەش سوودی هەیە، بۆ ئەوەی بە تەواوی لەو شتە باشانە تێبگەین کە بەهۆی مەسیحەوە هەمانە. کتێبی پیرۆز پێمان دەڵێت کە یەکێک لە هۆکارە باشەکانی مزگێنیدان ئەو شتەیە کە لە دەروونماندا ڕوودەدات. پێم وایە ئەمە نە تەنها بۆ تاکی باوەڕدار گرنگە، بەڵکو بۆ کۆمەڵەی باوەڕدارانیش بایەخێکی زۆری هەیە.

یەکێک لە نیگەرانییەکانی من لە مزگێنیداندا ئەوەیە کە بیر لەو گۆڕانکارییە دەکەمەوە کە دەبێت لە کەسانی دیکەدا ڕووبدات. کاتێک سەرنجی من لەسەر ئەوەیە و وا دەردەکەوێت کە هیچ شتێک ڕوونادات، بێ هیوا دەبم. بەڵام ئەوەی کە دەزانم کاتێک چالاکانە مزگێنی دەدەم، خودا لە دەروونمدا کار دەکات، ئومێدم پێ دەبەخشێت تەنانەت کاتێک هیچ کەسێک کاردانەوەیەکی ئەرێنی بەرامبەر هەوڵ و زەحمەتەکانم نیشان نادات.

لەڕاستیدا من قەناعەتی تەواوم بەوە هەیە کە مزگێنیدان، بەبێ لەبەرچاوگرتنی کاردانەوەی خەڵک، کلیلی تەندروستی و سەلامەتی تاک و کۆمەڵەی باوەڕدارانە. بەڵێ، بێگومان دەمانەوێت لە شایەتیدانم بۆ مەسیح چالاک بین. بەڵێ، ڕاستە زۆرێک لە مەسیحییەکان کاری گێلانە دەکەن کە دەبنە مایەی ڕێگری لە مزگێنیدان - باشە، من کاری گێلانەم کردووە کە بووەتە مایەی زیانگەیاندن بە مزگێنیی مەسیح - بۆیە دەبێت هەنگاو بنێین و ئەو ڕێگرییانە لاببەین. ئەگەر ئەگەر بمانەوێت لە عیسا باشتر تێبگەین، دەبێت چالاکانە مزگێنی بدەین.

کرێگ بەردەوام سەردانی کڵێساکەمانی دەکرد دوای ئەوەی کە لە فرۆکەخانە قسەمان کرد. بۆ ماوەی چەندین مانگ ئامادەی بینینی چەندین شایەتی مەزن بوو کە ئامانجیان شکۆدارکردنی ناوی یەزدان بوو، هەروەها گوێی لە چەندین وتاری

ڕوونی مزگێنیدان گرت، بەڵام هیچ وەڵام و کاردانەوەیەکی ڕوونمان لێی نەبینی. بەڵام ڕۆژێکیان، لەدوای ئەوەی کە لە گەشتێکی دورودرێژ گەڕابوومەوە، کرێگ سەرسامی کردم کاتێک هەستایەوە و گوتی کە چۆن باوەڕ بە مەسیح دەهێنێت. دڵم ڕاچڵەکی کاتێک بیستم کە چۆن خودا لە ژیانی کرێگدا کاری کردووە.

دوای چەندین مانگ کرێگ پێی گوتین کە ئەو شایەتییانەی کە پێشتر گوێی لێ دەبوو، وەکو شانۆ و دراما تەماشای دەکردن. ئەوەی کە خەڵکی ئاماژەیان بەوە دەکرد کە چۆن بە شێوەیەکی قووڵ و باش لە ئینجیل تێگەیشتوون، بۆ کرێگ لە ئەزموونێکی نامۆ و دەرەکی دەچوو. بەڵام بەپێی تێپەڕبوونی کات، کرێگ بۆی دەرکەوت کە ئەم خەڵکە باسی ژیانی خۆیان دەکەن.

کرێگ گوتی: «ئەوەتام، لەبەردەم ئێوە ڕاوەستاوم و باسی ئەوەتان بۆ دەکەم کە چۆن بوو باوەڕم بە عیسای مەسیح هێنا؛ ئێستا لە مزگێنیی مەسیح تێدەگەم». لەوانەیە تەنها لە خەیاڵی مندا وابووبێت، بەڵام لە دەنگیدا چیتر هەستم بە نیگەرانی نەدەکرد. بەلای منەوە جیاواز دەردەکەوت: پڕ بوو لە ژیان.

کاتێک ئەو یەکشەمەیە کرێگ باسی ئەوەی کرد کە چۆن لەوە تێگەیشتووە عیسا چی بۆ ئەنجام داوە، هەستم بەوە کرد کە منیش چیتر نیگەران نیم. من کرێگم بەرەو مەسیح نەهێنا، بەڵام چالاکانە مزگێنیم پێدا؛ دەورم لە باوەڕهێنانەکەیدا هەبوو. من بەشێک بووم لە کڵێسایەک کە کەلتوری مزگێنیدانیان هەبوو. وە لانی کەم لەم کاتەدا، خودا ڕێگەی دام ببینم کە ئەرکە بچووکەکەم چ سوودێکی هەبوو.

زۆربەی کات ئێمە دەرەنجامی ئەرک و ڕۆڵی خۆمان نابینین؛ تەنها دەبێت متمانەمان بە خودا هەبێت. کاتێک مزگێنیی دەدەین خودا لە ڕێگەی ئێمەوە کار دەکات - تەنانەت ئەگەر درکیشی پێ نەکەین. لەوانەیە ئەو کاتە کەمە بەکاربهێنێت کە تۆ لە چێشخانەیەکدا باسی مەسیح بۆ کەسێک دەکەیت؛ یاخود گفتوگۆیەکی گرنگی یەزدانناسی سەبارەت بە لێخۆشبوون بەکاربهێنێت. کێ دەزانێت، لەوانەیە ئەمڕۆ یەکێک لەو شتانە بکەیت.

بۆیە ئومێدوار بە، تەنانەت ئەو کاتەشی کە هیچ ڕووناکییەکی ئومید بەدی ناکەیت. بزانە کە خودا لە ڕێگەی تۆ و لە تۆدا کار دەکات. دەتوانیت پشت بە خودا ببەستیت؛ کۆڵ مەدە.

دوای ئەوەی کە کریگ لە کڵێسادا شایەتی دا، ژمارەیەکی بەرچاو لە بێباوەڕەکان چوون بۆ لای بۆ ئەوەی قسەی لەگەڵ بکەن. کریگ بە کاردانەوەی ئەوان سەرسام بوو. چاوەڕێی ئەوە بوو کە خەڵکی بە شێتی بزانن. بەڵام لە دوای ماوەیەک گوتی کە ئەوەی نەیدەتوانی لەبیری بکات، ئەو ئارەزووەی کە دڵیاندایە و تەنها عیسا دەتوانێت تێریان بکات. پێی گوتین: «نازانم ئێوە چۆن بەرگە دەگرن کە ئەو جۆرە پێویستییە لە ڕۆحی کەسانی دیکەدا بەدی دەکەن؟»

من لە مەبەستەکەی تێدەگەم: هەندێک جار دڵنیا نیم لەوەی کە ئاخۆ بەرگە دەگرم یان نە. لەڕاستیدا ئەو پێویستییەم لە کریگدا بینی و زۆری نەمابوو کۆڵ بدەم. لەوانەیە ئەو کەسە ماندووانەی دەورت وات لێدەکەن بیر بکەیتەوە ئاخۆ بەرگە دەگریت یان نە. لەوانەیە ئەو هەوڵە بێسوودانەی کە لەگەڵ دراوسێکەتدا دەیدەیت، یان ئەو مزگێنییەی کە تەنها یەک جار بە شۆفێرێکی تاکسی دەیدەیت، وات لێبکات بڵێی ئایا بەڕاستی ئەمە شایانی ئەو هەموو ماندووبوونەیە. لەوانەیە تۆش بیرت لەوە کردبێتەوە کە کۆڵ بدەیت.

بێ هیوا مەبە و ئومێدوار بە. مزگێنیدان لەو شتە گەورەترە کە من و تۆ دەیبینین. بەڵێنەکەی خودات لەبیر بێت: ئەو تێگەیشتنێکی تەواوی لەسەر ئەو کارە باشانە پێ بەخشیویت کە بەهۆی مەسیحەوە بەدەستمان هێناوە. ئەو چاوی خۆیت دەداتێ بۆ ئەوەی بەو جۆرەی کەسانی دیکە ببینیت کە ئەو دەیانبینێت. ئەو هاوکاریت دەکات بۆ ئەوەی واتای قووڵی ئەو پەیامە بزانیت کە هەڵتگرتووە، وە یارمەتیت دەدات بۆ ئەوەی پشتی پێ ببەستیت کە لە ژیانی خەڵکیدا کار بکات.

ئەم هۆکارانە بەسن بۆ ئەوەی کارێک بکەن بەردەوام بیت و کۆڵ نەدەیت. هەندێک کات خودا ڕێگە دەدات خەڵکی ماندوو ببینین کە چۆن بوونەتە کەسانی پڕ لە ڕووناکی. ئەوە شتێکی شکۆدارە کە پڕە لە سەرسامی و ئومێد.

IX 9Marks

Building Healthy Churches

٩نیشانەکان

بنیادنانی کڵێسای تەندروست

ئایا کڵێساکەیەکی تەندروستت هەیە؟

ڕێکخراوی ٩نیشانەکان ئیشی ئەوەیە کە ڕابەرانی کڵێسا بە بینین و ئاشکراکردنی کتێبی پیرۆز و سەرچاوەی کردەیی تەیار و ئامادە بکات بۆ ئەوەی لە ڕێگەی کڵێسای تەندروستەوە شکۆی خودا نیشانی گەلان و نەتەوەکانی جیهان بدەن.

بە لەبەرچاوگرتنی ئەو ئامانجانە، دەمانەوێت یارمەتی کڵێساکان بدەین کە لە نۆ نیشانەی تەندروستدا گەشە بکەن کە زۆربەی کات پشتگوێ دەخرێن:

١. وتاردانی ڕوون و ئاشکرا
٢. یەزدانناسی بەپێی کتێبی پیرۆز
٣. تێگەیشتن لە ئینجیل بەپێی کتێبی پیرۆز
٤. تێگەیشتن لە گۆڕینی مرۆڤەکان بەپێی کتێبی پیرۆز
٥. تێگەیشتن لە مزگێنیدان بە پێی کتێبی پیرۆز
٦. ئەندامێتیی کڵێسا
٧. تەمبێکردنی کڵێسایی بەپێی کتێبی پیرۆز
٨. بەقوتابیکردن بەپێی کتێبی پیرۆز
٩. ڕابەرایەتیی کڵێسا بەپێی کتێبی پیرۆز

ئێمە وەکو ڕێکخراوی ٩نیشانەکان بابەت و پەڕتووک و هەڵسەنگاندنی پەڕتووک دەنووسین، هەروەها ڕۆژنامەیەکی ئینتەرنێتیش بەڕێوە دەبەین. کۆنفرانس ساز دەکەین و چاوپێکەوتن تۆمار دەکەین و سەرچاوەی دیکەش بەرهەم دێنین بە مەبەستی تەیارکردن و ئامادەکردنی کڵێساکان تاکو شکۆی خودا نیشان بدەن.

سەردانی ماڵپەڕەکەمان بکە کە بابەتەکانی بە زیاتر لە ٣٠ زمان بەردەستن بۆ خوێندنەوە، وە ناوی خۆت تۆمار بکە تاکو ڕۆژنامەی ئینتەرنێتی بێبەرامبەرت بەدەست بگات. دەتوانیت لەم لینکەی خوارەوەدا لیستی تەواوی ماڵپەڕی زمانە جیاوازەکان ببینیت:

https://www.9marks.org/about/international-efforts/

9marks.org